自宅でできるライザップ 運動編

扶桑社

はじめに

ライザップ式で

結果にコミットする――。

こんなコピーと劇的なビフォー&アフターの姿を映したテレビCMで一躍話題の的になったライザップ。そのインパクトの強さで、さまざまな憶測が先行しているのも事実。

トレーニングがハードなんでしょう？　食事指導が厳しいんじゃない？　きっとリバウンドしちゃうんだよ……。そんな言葉をしばしば耳にします。

果たして本当にそうでしょうか？

実はライザップは、単に「痩せることだけ」を目的に、食事指導やトレーニングを課するのではありません。

運動生理学や医学、栄養学や心理学をベースに徹底的に練られた「運動」と「食事」を両輪とするメソッドを土台に、ゲスト一人一人にあわせて適切な指導を行い**「人生で最高の体と自信を手に入れる」**のをお手伝いするのが「ライザップ・メソッド」なのです。

あなたも体を変えてみませんか？

さらに、ライザップは4万人以上のゲストをスリムにし、健康にしてきたデータを蓄積しています。今もなお、ライザップのメソッドは常に進化を続けています。

本書『自宅でできるライザップ』では、運動編・食事編と2冊を通じて、このライザップ・メソッドを徹底的に再現しています。

ジムに行く時間がない、経済的余裕がない……。そんな人でもライザップ・メソッドを実践できるよう「自宅で手軽に」を重視してライザップのトップトレーナー&管理栄養士が、トレーニング種目から美味しい低糖質レシピ（食事編収録）をあつらえました。

あなたも、今までの自分を変えてみませんか？

本書を手に取り、書いてあることを実践してください。

そうすれば、「結果にコミット」します。

DVDの活用法

付録DVDでは、本書で解説しているエクササイズについて、写真だけでは動きが理解しづらい点をライザップのトップトレーナー、幕田純氏の指導のもと解説しています。パート毎に、本書記載のエクササイズが収録されておりますので、ご自身の実施するエクササイズが決まったらDVDを確認してから実行すればより精度の高いエクササイズが可能になります。ディスクは使用後、DVDケースなどに入れて保管してください。

運動実践時の注意

◆本書及び本DVDに収録されたエクササイズを行う際は、ご自身の体調を踏まえて実践してください。
◆本書・当社ならびにこの DVD に収録されている各ソフトを提供した会社は、このDVDを使用したために直接的にまたは間接的に生じた損害について、一切責任を負いません。

使い方

本DVDには、DVD―Video対応プレイヤーで再生可能な映像と音声が収録されています。必ずDVD―Video対応プレイヤーで再生してください。DVDドライブ付きPCやゲーム機などの一部の機種ではごくまれに不具合が生じる場合がございます。その場合は、当社、株式会社扶桑社及びライザップ株式会社は動作保証の責任を負いません。その他、再生にあたり詳しい操作方法は、ご使用になるプレイヤーの取扱説明書をごらんください。

使用上の注意

◆取り出す際は、指で盤面の裏側に触れたり、袋でこすったりしないよう、ご注意ください。
◆本ディスクには高精細・高密度の映像が収録されており、再生されるDVDプレイヤー及びTVモニターの性能によって映像や音声に歪みや乱れが生じる可能性があります。ご了承ください。
◆本DVDに収録されている著作物の権利は株式会社扶桑社に帰属します。
◆本DVDは、日本国内における一般家庭での私的視聴に用途を限定して販売されております。このDVD及びディスクのデザインに関して、権利者の許可なく譲渡・複製・改変・放送・インターネットなどによる公衆送信・上映・レンタル（有償・無償を問わず）などで使用することを禁じます。

図書館の方へ

本DVDは館内での閲覧のみでご対応いただき、館外へ貸し出しはしないようにお願い致します。

鑑賞上の注意

◆ご視聴の際は、部屋を明るくし、画面に近づき過ぎないようにしてご覧ください。
◆長時間かけてのご視聴は避け、適度に休息を取ってください。

保管上の注意

◆ディスクは両面とも、指紋、汚れ、キズを付けないように取り扱ってください。
◆ディスクが汚れたときは、メガネふきのような柔らかい布で内周から外周に向かって放射状に軽くふき取ってください。レコード用クリーナーや溶剤等は使用しないでください。

DVDに関するお問い合わせ先

自宅でできるライザップDVDカスタマーセンター
☎03-6280-7156
※操作の不具合についてのお問い合わせ先です。
受付時間10～13時／14～17時（土日・祝日除く）

PART I

ライザップ式、はじめの一歩

ダイエットの成否を分けるのは、開始時の目標設定。
ライザップ式メンタル・セッティングのノウハウで
心も体も「燃焼モード」にシフトチェンジできます！

目的確認

ライザップでは、必ずカウンセリングを行います。そこでは「なぜ痩せたいのか」を聞き出し、目的を明確化します。

具体的な目的があったほうが間違いなく成功します。「なんとなく」という人も、よく自分の心に耳を傾けてください。なぜ「なんとなく痩せたい」と思ったのか。きっと、なんらかの理由があるはず。

ここで明らかにしたことは、この後たびたび思い出してモチベーションを高めることに活用できます。敢えて紙に記入したり、なりたい体の写真を貼ったりすることで、イメージを明確にしましょう。そして、見事に目標を達成したら、やりたいことをたくさん列挙して、それを楽しんでいる自分をイメージしてください。

あなたがなぜ痩せたいと思ったのか。その理由を明確にできたら、減量は高確率で成功します。

さあ、いよいよライザップ・メソッドの始まりです。

何のために痩せるのか？
書き込んでみよう!

1 なぜ痩せたいと思ったのですか？

2 痩せたらやってみたいことを10個挙げてみましょう。

3 痩せたらどんな気分になってるか想像してみましょう。

4 痩せて誰に喜んでもらいたいですか？

5 誰のために痩せようと思いますか？

6 痩せてどうなりたいですか?なりたい理想像の写真を貼ってみましょう。

40mm×40mm

自分を知る

次は具体的に「今の自分」を見つめ直してみましょう。まず、今の体重を測りましょう。できれば、体脂肪率が測定可能な体重計で体脂肪率も測りましょう。現状で何%でも数値はそこまで気にする必要はありません。今と比べて相対的に今後減っていけば問題ありません。

体重と体脂肪率は、今後も毎日測ることになるので、できれば毎日同じタイミングで計測するのがよいでしょう。起床時、排便後などが一般的です。一日2回測れるなら、就寝前にも測ると、一日の体重変動もわかるのでより細かく体の変化が把握できます。

その他の数値も左ページの表に書き込んでください。変化を把握できれば、モチベーション維持に役立ちますので、ここは常に意識しておきましょう。

万が一血圧が上１４０／90以上ある場合は、運動が可能かどうか医師と相談した上で、ＰＡＲＴ２の中でも低負荷な種目を中心に、Ｐ19で説明するフェイズ１のやり方で実施してください。

また、過去のダイエット経験とその失敗の理由や、現在の食事習慣や生活習慣を改めて書き出すことで、「なぜ太ってしまったのか」が把握できます。食事と運動に併せて、ここを改善できればもう理想の体まであと少しです。

今の自分はどんな状態？

体重	kg
体脂肪率	%
BMI 体重（kg）／身長（m）の2乗	
血圧	／
一番痩せたい部位のサイズ	
過去のダイエット経験	
過去のダイエットが失敗もしくはリバウンドした理由に心当たりは？	
今の食事習慣	
今の生活習慣	

※BMIとは肥満度を表す指数で特別に筋肉質な人などを除き、18.5〜25未満が普通体重とされています。また、BMI18.5以下への減量はお勧めしません

目標設定

ライザップでは、多くのゲストの減量に携わってきたことから、現在の体重からどれくらいの期間で何キロなら落とせる可能性があるか把握できます。もちろん、それは各店舗でトレーナーが面談をした上で把握するのですが、本書で紹介したエクササイズなどを考慮して、本書用の減量プランを設定してみました。

それが次ページからの表になります。

ライトコースは、PART2で紹介するエクササイズの中でも負荷が軽いものを選んだプランです。

ミドルコースは、負荷が中程度のものを選んだ場合。

ハードコースは負荷の強いエクササイズ、できればバーベルなどを使ってエクササイズした場合のプランになります。もちろん、食事はライザップ・メソッドに沿ったものを摂るのが前提です（「食事編」参照）。

個人差はありますが、必要な減量期間の目安にしてください。

ライトコース

男子

単位：kg

START	1か月	2か月	3か月	4か月	5か月	6か月
120	116.2	112.4	108.8	105.4	102.0	98.7
115	111.3	107.8	104.3	101.0	97.7	94.6
110	106.5	103.1	99.8	96.6	93.5	90.5
105	101.6	98.4	95.2	92.2	89.2	86.4
100	96.8	93.7	90.7	87.8	85.0	82.3
95	92.0	89.0	86.2	83.4	80.7	78.2
90	87.1	84.3	81.6	79.0	76.5	74.0
85	82.3	79.6	77.1	74.6	72.2	69.9
80	77.4	75.0	72.6	70.2	68.0	65.8
75	72.6	70.3	68.0	65.9	63.7	61.7
70	67.8	65.6	63.5	61.5	59.5	57.6
65	62.9	60.9	59.0	57.1	55.2	53.5
60	58.1	56.2	54.4	52.7	51.0	49.4
55	53.2	51.5	49.9	48.3	46.7	45.2
50	48.4	46.9	45.4	43.9	42.5	41.1

女子

START	1か月	2か月	3か月	4か月	5か月	6か月
120	117.1	114.3	111.6	108.9	106.3	103.7
115	112.2	109.5	106.9	104.4	101.8	99.4
110	107.4	104.8	102.3	99.8	97.4	95.1
105	102.5	100.0	97.6	95.3	93.0	90.8
100	97.6	95.3	93.0	90.7	88.6	86.4
95	92.7	90.5	88.3	86.2	84.1	82.1
90	87.8	85.7	83.7	81.7	79.7	77.8
85	83.0	81.0	79.0	77.1	75.3	73.5
80	78.1	76.2	74.4	72.6	70.8	69.1
75	73.2	71.4	69.7	68.1	66.4	64.8
70	68.3	66.7	65.1	63.5	62.0	60.5
65	63.4	61.9	60.4	59.0	57.6	56.2
60	58.6	57.2	55.8	54.4	53.1	51.9
55	53.7	52.4	51.1	49.9	48.7	47.5
50	48.8	47.6	46.5	45.4	44.3	43.2
45	43.9	42.9	41.8	40.8	39.9	38.9
40	39.0	38.1	37.2	36.3	35.4	34.6

※BMI18.5を下回る減量はお勧めできません。

ミドルコース

男子

単位：kg

START	1か月	2か月	3か月	4か月	5か月	6か月
120	115.2	110.6	106.2	101.9	97.8	93.9
115	110.4	106.0	101.7	97.7	93.8	90.0
110	105.6	101.4	97.3	93.4	89.7	86.1
105	100.8	96.8	92.9	89.2	85.6	82.2
100	96.0	92.2	88.5	84.9	81.5	78.3
95	91.2	87.6	84.0	80.7	77.5	74.4
90	86.4	82.9	79.6	76.4	73.4	70.4
85	81.6	78.3	75.2	72.2	69.3	66.5
80	76.8	73.7	70.8	67.9	65.2	62.6
75	72.0	69.1	66.4	63.7	61.2	58.7
70	67.2	64.5	61.9	59.5	57.1	54.8
65	62.4	59.9	57.5	55.2	53.0	50.9
60	57.6	55.3	53.1	51.0	48.9	47.0
55	52.8	50.7	48.7	46.7	44.8	43.1
50	48.0	46.1	44.2	42.5	40.8	39.1

女子

START	1か月	2か月	3か月	4か月	5か月	6か月
120	116.2	112.4	108.8	105.4	102.0	98.7
115	111.3	107.8	104.3	101.0	97.7	94.6
110	106.5	103.1	99.8	96.6	93.5	90.5
105	101.6	98.4	95.2	92.2	89.2	86.4
100	96.8	93.7	90.7	87.8	85.0	82.3
95	92.0	89.0	86.2	83.4	80.7	78.2
90	87.1	84.3	81.6	79.0	76.5	74.0
85	82.3	79.6	77.1	74.6	72.2	69.9
80	77.4	75.0	72.6	70.2	68.0	65.8
75	72.6	70.3	68.0	65.9	63.7	61.7
70	67.8	65.6	63.5	61.5	59.5	57.6
65	62.9	60.9	59.0	57.1	55.2	53.5
60	58.1	56.2	54.4	52.7	51.0	49.4
55	53.2	51.5	49.9	48.3	46.7	45.2
50	48.4	46.9	45.4	43.9	42.5	41.1
45	43.6	42.2	40.8	39.5	38.2	37.0
40	38.7	37.5	36.3	35.1	34.0	32.9

※BMI18.5を下回る減量はお勧めできません。

ハードコース

男子

単位：kg

START	1か月	2か月	3か月	4か月	5か月	6か月
120	114.2	108.8	103.5	98.6	93.8	89.3
115	109.5	104.2	99.2	94.5	89.9	85.6
110	104.7	99.7	94.9	90.4	86.0	81.9
105	100.0	95.2	90.6	86.2	82.1	78.2
100	95.2	90.6	86.3	82.1	78.2	74.4
95	90.4	86.1	82.0	78.0	74.3	70.7
90	85.7	81.6	77.7	73.9	70.4	67.0
85	80.9	77.0	73.3	69.8	66.5	63.3
80	76.2	72.5	69.0	65.7	62.6	59.6
75	71.4	68.0	64.7	61.6	58.6	55.8
70	66.6	63.4	60.4	57.5	54.7	52.1
65	61.9	58.9	56.1	53.4	50.8	48.4
60	57.1	54.4	51.8	49.3	46.9	44.7
55	52.4	49.8	47.5	45.2	43.0	40.9
50	47.6	45.3	43.1	41.1	39.1	37.2

女子

START	1か月	2か月	3か月	4か月	5か月	6か月
120	115.2	110.6	106.2	101.9	97.8	93.9
115	110.4	106.0	101.7	97.7	93.8	90.0
110	105.6	101.4	97.3	93.4	89.7	86.1
105	100.8	96.8	92.9	89.2	85.6	82.2
100	96.0	92.2	88.5	84.9	81.5	78.3
95	91.2	87.6	84.0	80.7	77.5	74.4
90	86.4	82.9	79.6	76.4	73.4	70.4
85	81.6	78.3	75.2	72.2	69.3	66.5
80	76.8	73.7	70.8	67.9	65.2	62.6
75	72.0	69.1	66.4	63.7	61.2	58.7
70	67.2	64.5	61.9	59.5	57.1	54.8
65	62.4	59.9	57.5	55.2	53.0	50.9
60	57.6	55.3	53.1	51.0	48.9	47.0
55	52.8	50.7	48.7	46.7	44.8	43.1
50	48.0	46.1	44.2	42.5	40.8	39.1
45	43.2	41.5	39.8	38.2	36.7	35.2
40	38.4	36.9	35.4	34.0	32.6	31.3

※BMI18.5を下回る減量はお勧めできません。

筋トレの意義

ライザップではトレーニングと食事指導を並行して行うことで、ボディメイクをより効果的なものにしています。ただ、体重の減少を左右する大きな役割はやはり食事がメインで、約8割食事管理に影響を受けるといっても過言ではありません。

では、トレーニングの役割とは何でしょう？

それは、「美しいボディライン」を作ることです。体重の減少を目指す場合、低糖質による栄養コントロールや「消費カロリー＞摂取カロリー」の状態に持っていくことが必要です。しかし、この状態は、体脂

ライザップ式は
食事とトレーニングの
両輪だから効く！
食事
・低糖質＆タンパク質
・消費カロリー ＞ 摂取カロリー
の 2本立てで減量
筋肉が落ちてしまう！
代謝が落ちてしまう！
防ぐ

肪を減少させる効果はありますが、同時に筋肉の減少を引き起こしてしまうのです。
　そこで、カギとなるのが食事における「高タンパク食」であり、筋力トレーニングになるのです。筋力トレーニングは筋肉に刺激を与えて、減量や筋合成にかかわるホルモン分泌を促す効果があります。また、強度を調整することで脂肪燃焼を司る器官であるミトコンドリアの活性を促すため、減量効果も促進できるのです。
　さらに、筋力トレーニングによる乳酸濃度の上昇は、成長ホルモンの分泌を高める刺激になるとされています。成長ホルモンは筋肉の合成や脂肪分解のほか、肌の水分保持などアンチエイジングにも役立つとされています。同時に、減量後にアクティブな生活をサポートしてくれる筋力、軟骨の成長促進、免疫細胞の機能増強などの効果があります。

食事と運動、
どちらが欠けても
ダメなんだね！
運動
・筋肉量を減らさない
・成長ホルモンなどの分泌促進
・脂肪燃焼の促進
・ボディシェイプを整える

減量戦略

いよいよトレーニングのスタートです。

ライザップでは3つのフェイズに時期を分けてトレーニングの強度や目的を変えています。トレーニングの進捗状況や体の変化、エクササイズが上手に行えるようになったかなどによって適切な時期を選びましょう（※血圧140／90以上の方や、体力に自信がない方は、必ず左表のフェイズ1「導入期」から始めてください）。

例えば2か月のトレーニング期間を選択した場合、個人差はありますが1週目はフェイズ1「導入期」、2〜4週でフェイズ2「シェイプアップ期」、5〜8週目でフェイズ3「スタイルアップ期」といった形で、時期によって強度や回数に変化を付けます。筋肉をしっかり付けるより痩身が目的ならフェイズ2を長めに行っても構いません。目的にあわせて強度や回数を変えることで、体に効果的な刺激を与えることができ、減量の停滞を回避することができるのです。

トレーニングのフェイズ分け

フェイズ3 スタイルアップ期

回数は中程度、負荷は中～高強度。休息時間は短めに。ここでは、重い重量で多くの筋繊維を動員し、筋肉をしっかり付けていきます。反復回数の多さと短めの休息時間はホルモンの応答をよくすることも期待できます。

この時期のやり方

目標回数	6～12回
セット数	2～5セット
セット間休息	30～90秒

※しっかりと限界まで追い込む

目的

筋肉のサイズを大きくし、美しいボディラインを出すことを目的とする期間です。男性の場合はシェイプアップ期で絞った体に、しっかりと割れた筋肉を付けていくことが目的です。

食事

「食事編」P26～27のステージ2を実施し、糖質量をやや増やす。

フェイズ2 シェイプアップ期

回数は多く、負荷は低く、休息時間は極端に短く行います。持久的なトレーニングであり、脂肪を燃焼する器官であるミトコンドリアを活性化することで体脂肪の減少を狙います。

この時期のやり方

目標回数	15～20回
セット数	2～5セット
セット間休息	30秒以内

※しっかりと限界まで追い込む

目的

体脂肪の減少が最大の目的です。また、スタイルアップ期で負荷を強くしても平気なように、しっかりとエクササイズの方法を身に付ける意味もあります。シェイプアップが主目的の人はここだけを重点的に行っても構いません。

食事

「食事編」P26～27のステージ1を実施する。

フェイズ1 導入期

初心者用に軽めの負荷設定から始め、反復回数を多くすることで強度を調整します。ここでトレーニングのテクニックを身に付けましょう。

この時期のやり方

目標回数	15回程度

※バーベルを使うときは最大20回くらいできる重さで

セット数	2～3セット
セット間休息	90～120秒

※追い込み過ぎない

目的

トレーニングフォームの習得、ウエイト（重さ）に慣れること。

食事

「食事編」P26～27のステージ1を実施する。

運動と食事というライザップ・メソッドを確実にするために、もう一つ重要な要素があります。
ライザップでは、各トレーナーがマンツーマンでゲストにメールや専用のアプリを通じて日々の連絡や食べたもの、体重や体調などを伺っています。これを自宅で、一人でやる場合、その代わりになるものが必要です。それが、「記録する」ことです。
体重の変化から、その日の食事、トレーニングの内容や課題、また睡眠時間などを記録します。Ｐ１０８から２か月分のトレーニング日誌を付けましたので、コピーして書き込んでみましょう。
こうした細かい記録は、あなたの体が確実に変化していることの「足あと」です。あなたが減量につまずきそうになったとき、この「足あと」が、折れそうになった気持ちを必ずサポートしてくれるでしょう。

記録しよう!

記録することとそのメリット

食事の記録

記録すること

食べたもの、摂取カロリー

メリット

体重の変動と合わせてみると、食事の改善ポイントなどがわかりやすい

トレーニングの記録

記録すること

その日にやった種目、できた回数、あげられた重さ、気づいたこと

メリット

日々の進歩がわかることで、短期的な目標ができてモチベーション維持につながる！（次はn回やろう！）

自分の「決意」も
記録しよう!
私、　　　　は、
　　　　までに
ライザップ・メソッドで
導かれる目標値である
ー　　kgを減量させる結果に
コミットすることを誓います!

生活の記録

記録すること

睡眠時間、体調、血圧など

メリット

停滞期の要因がわかったり、体調変動をいち早く察知できる

体重の記録

記録すること

日々の体重（毎日同じ時間に計測。
ベストなのは朝起床時と夜就寝直前）

メリット

体重変動と生活の関連が明確になって、停滞期の打破に繋がる

COLUMN 1

ライザップ・トレーナーの真実

ライザップのトレーナーは、月間応募者数平均1065人。そのうち、採用されるのは平均35人、実に採用率3.2%という狭き門。

ゲストと理想を掘り下げて目標数値化し、諦めさせず、高い動機付けを行いながら共にゴールまで導く存在がトレーナーです。

彼らに要求されるのはトレーニングの知識だけではありません。2か月以上もの期間、マンツーマンでゲストに寄り添うためには、高いコミュニケーション能力が必要なのです。

そのため、狭き門を通り抜けてもなお、さまざまな研修が行われます。専用の研修施設での147時間に及ぶ新人研修では、運動生理学や栄養学はもちろん、マナー研修まで……。さらに店舗研修を受けた後、1回落ちると再び研修を受け直さなくてはいけない試験を２回パスして初めてゲストに接するトレーナーとしてデビューします。これだけでも、いかに緊張感がある環境で育成されているかがわかります。

さらに、ゲストがより安心、安全に結果を出すための専属サポートは、トレーナーだけではありません。ライザップでは、一人のゲストに対して、専属チーム（チームヘルスケア）が存在するのです。専属チームはトレーナー、カウンセラー、管理栄養士、ドクターによって構成されており、トレーナーだけでは踏み込めない健康状態の変化に関する疑問、心配事に随時対応できる体制が組織化されています。

これが「結果にコミットする」ためにライザップが揃えたスタッフ陣なのです。

PART

2

結果にコミットするエクササイズ

ライザップのトップトレーナーがエクササイズを
自宅でもできるように特別にプログラム!
さあ、始めましょう!

実践！ライザップのエクササイズ

トレーニングの進め方

トレーニングは週2回！ 部位を分けて行おう

では、いよいよ筋力トレーニングの実践に移っていきましょう。基本的には週2回トレーニングすることが最低条件です。逆に、やり過ぎもよくないので、週2回以上エクササイズをできる場合でも、同じ部位を連日鍛えるようなことは避けましょう。

2回のトレーニングは、主に「胸・肩・下背・腹」のDAY1と「脚・背・腹」のDAY2といった形で分割します。これは、DAY1が主に「上半身は「押す運動」／下半身は「引く運動」の日」、DAY2は「上半身を「引く運動」／下半身を「押す運動」」でまとめられています。こうすることにより、DAY1は上腕三頭筋が、DAY2は上腕二頭筋が共同筋として常に動員され、効率的にトレーニングすることが可能になります。

種目の実施回数などは、p19で解説したフェイズに沿って行います。運動初心者の方は、フェイズ1で指定されている強度や回数、休憩時間でエクササイズを行ってください。あまりにも簡単に行える場合や、すでに運動に慣れている方は、フェイズ2から行っていただいて構いません。減量主体であればフェイズ2を継続してもいいですし、BMI25くらいを境に筋肉をしっかり付けるフェイズ3に移行するのもOKです。

胸、背中、脚については、負荷が異なる種目を紹介しています。ご自身の体力に合わせてお好みの種目を選びましょう。慣れてきたら、各部位の種目数を増やしても構いません。腹筋は上部（全体）・側部・下部の3部位ごとに2種目紹介しているので、異なる部位を組み合わせて1日2部位をやりましょう。

まずは上記の部位をしっかりと行い、トレーニングに慣れてきたら肩・腕の種目を取り入れてもいいでしょう。

エクササイズの組み方の一例

DAY1

胸	プッシュアップ
肩	アップライトロウ
	ショルダープレス
下背	デッドリフト
	スーパーマン
腹	レッグレイス
	クランチ

DAY2

脚	スクワット
	スプリットスクワット
背	ベントオーバーロウ
腹	ロシアンツイスト
	ニートゥチェスト

RIZAP TRAINING METHOD

ウォーミングアップ

まずはウォーミングアップから！　その日トレーニングする種目を低負荷で行ったり、
その場飛びなどで体を温めたりするほか、ここで紹介するストレッチを行いましょう。

胸のストレッチだけど肩こりやねこ背予防にも効果あり！

胸　チェストオープナー

胸と肩の前のほうをほぐすストレッチです。動作の最中、呼吸は自然なまま続けるようにしましょう。
運動前だけでなく、肩こり予防に普段から行ってもよいでしょう。

両手の指先を合わせるように横向きに寝ます。左右の肩は床に垂直に位置します。背すじはまっすぐに伸ばして、上の脚を床に下ろします。膝は90度に曲げましょう。これがスタートポジションです。

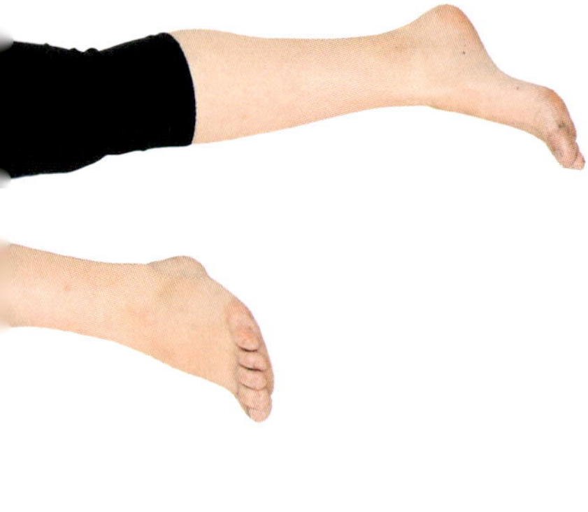

動きはゆっくり、
痛いところまで
伸ばさない！

3

手を逆側の床につけられる人はついてもいいですし、難しい人はできる範囲で構いません。これがフィニッシュです。あとはゆっくりとスタートポジションに戻り、左右で同じ動きを数回行います。

2

上の手を弧を描くように反対側に開いていきます。目線は指先を追いかけながら、目線にあわせて顔も動かします。このときも、呼吸は止めないで、自然に続けましょう。動きはゆっくり行います。

痩せても姿勢が悪くちゃダメ！　背骨を柔軟にするポーズ

背中　腰

キャット&ドッグ

**ライザップは痩せるだけでなくボディシェイプをよくするのが目的。
だからこそ、背骨を正常な状態にするのが重要です。
背骨を中心に背中とお腹、両側を気持よくほぐしましょう。**

肩の真下に両手、骨盤の真下に膝が来るように四つん這いになります。目線は斜め前方を自然に向くようにしましょう。名前のとおり、猫や犬になった感じですね。これがスタートポジションです。

3

次に目線を上げて、肩甲骨を寄せるようにしながら、骨盤を元に戻して背中を反る感じで、腹部をしっかりと伸ばしていきます。この動作を数回繰り返します。呼吸は自然な状態で続けましょう。

「猫」のときは
肩甲骨を開くように
するといいですね！

2

まずは「猫」の動きです。目線をおへそに向けながら、骨盤を持ち上げることで背中を上のほうに上げて全体的に丸みを帯びるように背中側を伸ばしていきます。お腹も引き上げるように力を入れます。

股関節や脚の筋肉がほぐれると美脚にも繋がる!

脚　尻

スパイダーマン

運動不足の人は下半身が硬くなりがちです。このストレッチで、股関節周りと大腿の裏(ハムストリング)や内側(内転筋群)を効果的に伸ばせます。

1

脚から肩までしっかりと伸ばしながら、腕立て伏せのような姿勢を取りましょう。この際、腰が反ってはいけません。体幹を一本の棒が通っているようにまっすぐにキープします。

2

左脚を左手の横に踏み出します。この際も背すじはまっすぐ。目線は軽く斜め前です。右脚のハムストリングからお尻にかけて伸ばしましょう。次の動作が難しい人は、ここまでの動作を左右繰り返します。

3

柔軟な人は、2の段階からさらに左肘を床につけましょう。よりストレッチが強調されます。この際も背中を曲げるのはＮＧ。背すじをまっすぐに。4は無理な人はここまでの動作を左右繰り返します。

4

さらに柔軟な人は、左膝を伸ばしてみましょう。膝がまっすぐに伸ばされてつま先が上がることでハムストリングだけでなくふくらはぎもストレッチされます。以上の動作を左右繰り返します。

股関節や体幹の可動域を広げると動作がラクに！

腹　その他

バックランジwith アッパーストレッチ&ツイスト

体幹トレーニングとしても効果の高い種目です。股関節や上体のストレッチ効果だけでなく動きも大きいので、心拍数も上がり、体を温める効果もあります。

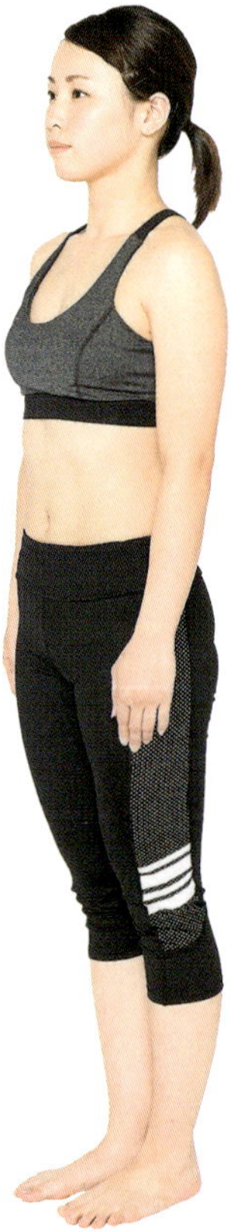

1

まずはスタートポジションです。脚を揃えて、背すじを伸ばし、直立した姿勢を取ります。目線は前方に向けましょう。肩の力が入らないように上体はリラックスさせます。

2

直立した姿勢から右脚を一歩後ろに引きます。背すじはまっすぐに伸ばし、腰は反らないように注意しましょう。体勢が辛い人は後ろの膝を床につけても構いません。

4

左手を後ろに引いた右の足につけるように体をツイストします。体側と脚の付け根が伸びていますか？　以上の動作を左右交互に繰り返します。呼吸は自然に続けましょう。

POINT

捻る動作も、痛みなどがでないように、無理のない範囲で！

3

2の体勢を維持したまま、頭の上で手を組み、天井に向けてグーッと伸びましょう。この際、お腹、後ろに引いている脚の付け根が伸びていることを感じましょう。

胸のトレーニング

**胸のトレーニングは、女性ならバストアップ、男性なら厚い胸板を作ってくれます。
単に痩せるだけでなく、グッドシェイプを目指すためには欠かせないので頑張りましょう！**

胸や肩の筋肉を付け、腕の裏側を引き締める!

プッシュアップ

高
強度
★★★

**プッシュアップの場合は、高強度とありますが、このやり方が「スタンダード」になります。
自重だと強度の変化を付けるのが難しいですが、台を使えばそれも可能になります。**

1

両方の手を肩幅よりやや広めの広さで床につきます。指先を少し内側に向けて、両手の指先と額を下ろす位置で正三角形を作るイメージです。

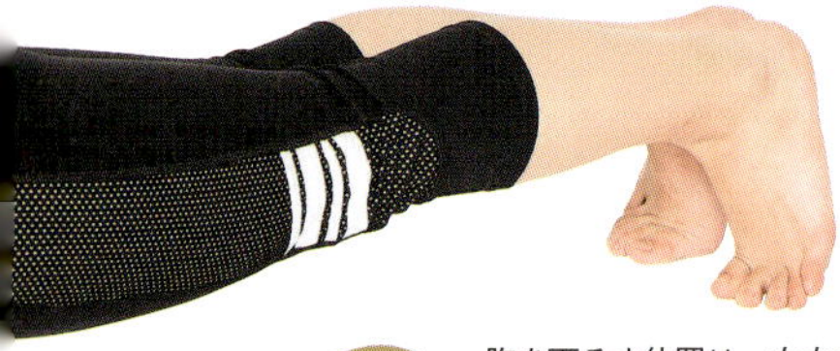

2

胸を下ろす位置は、左右の手を結んだ線の上です。動作はゆっくり、脇が開き過ぎないように60度くらいを保ちましょう。

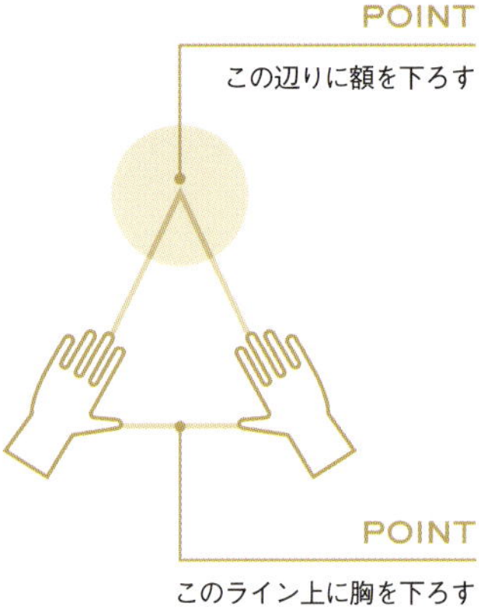
POINT
この辺りに額を下ろす
POINT
このライン上に胸を下ろす

フェイズ3	フェイズ2	フェイズ1
6～12回	15～20回	15回程度
2～5セット	2～5セット	2～3セット
休憩30～90秒	休憩30秒以内	休憩90～120秒

これがキツイ人は強度を緩く!

低強度

台の上に手をのせるとさらに強度を下げられます。逆に足先をのせると上がります。

中強度

スタンダードなプッシュアップがキツイ場合は、膝を床につけて行うといいでしょう。

3

体はまっすぐの状態です。お尻が上下したり、背中が曲がらないように注意しましょう。呼吸は下ろすときに息を吸い、上げるときに息を吐きましょう。

自重の負荷が物足りなくなったらベンチプレスにトライしよう!

ベンチプレス 上級者向け

「ウエイトトレーニング」の代名詞とも言えるベンチプレス。胸や肩、二の腕を引き締めるのに効果があります。フォームを身に付け、ぜひトライしてみましょう。

1

バーベルの真下に目が来るように、ベンチに仰向けになり、両腕を床と平行に横に広げます。上腕を床と平行にしたまま、肘を90度に曲げ、その手幅で手を上にあげて親指をしっかり巻きつけてバーを握ります。

GOOD

手首が返らず、肘もバーベルの真下に位置している。

NG

手首が返り、肘が内側に絞れてバーベルの真下からズレている。

2

胸を張り、肩甲骨を寄せます。足の裏で床をしっかり踏んで背中がアーチを描くようにします。胸の頂点にバーベルを下ろします。下ろす際に、肘がバーベルの下からズレないように。

フェイズ 3	フェイズ 2	フェイズ 1
6〜12回	15〜20回	15回程度
2〜5セット	2〜5セット	2〜3セット
休憩30〜90秒	休憩30秒以内	休憩90〜120秒

3 肩の真上にくるようにバーベルを押しあげます。呼吸は、下げるときに吸い、あげるときに吐きます。両足裏とお尻、肩、後頭部が床やベンチに触れているように。

NG ✕

足が体から遠くにあると、背中のアーチもできずに力が入らない。

GOOD ○

足は体に近い位置につき、足裏でしっかりと床を踏ん張っています。

胸や肩の種目だけど、
足の踏ん張りが
重要なんだね！

男女とも、胸の「谷間」を作るならこれ!

ダンベルフライ

上級者向け

ベンチプレスと併せて行うと効果的なのがダンベルフライ。自宅でもベンチタイプの長椅子とペットボトルなどがあれば軽い負荷ですが行うことも可能です。

1

ベンチに仰向けになり、胸にダンベルを抱えます。そのまま肩甲骨を寄せ、背中はアーチを描くようにします。両足はしっかり体にひきつけ床を踏ん張りましょう。その状態でダンベルを上にあげて肘を軽く曲げます。

2

肩・肘・ダンベルが一直線上にあることを意識しながら、ゆっくりと体の側面に弧を描くように腕を開いていきます。呼吸は、開く際に吸い、閉じる際に吐きます。ダンベルは胸より下に下げないように。

GOOD ○

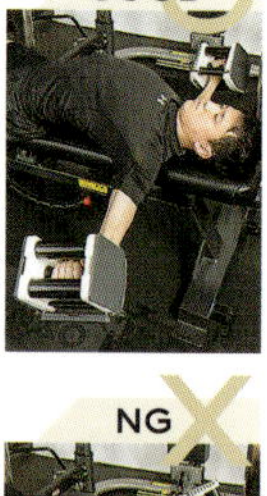

手首がまっすぐにキープされ、ダンベルは胸の高さに下りている。

NG ×

手首が返り、肩・肘・ダンベルが一直線上からズレている。

フェイズ 3	フェイズ 2	フェイズ 1
6〜12回	15〜20回	15回程度
2〜5セット	2〜5セット	2〜3セット
休憩30〜90秒	休憩30秒以内	休憩90〜120秒

POINT
ダンベルが上にあるときに、胸の真ん中が収縮しているのを感じましょう。

3 ベンチプレス同様、両足と尻、後頭部と肩の5ポイントがベンチや床に接しており、背中がアーチを描いているのがわかります。動作は一定のスピードでスムーズに行いましょう。

これも肩甲骨を寄せることが大切です！

PART2 結果にコミットするエクササイズ

背中のトレーニング

姿勢を正しく保つ上で重要な背筋。せっかく痩せてもここの筋肉が弱いと、
グッドシェイプなスタイルにはなりません。しっかり鍛えれば腰痛予防にもなります。

美しく伸びた背筋を実現するにはこれ！

スーパーマン

低
強度
☆☆☆

特別な器具もいりませんし、動作もとてもシンプル。
でもしっかりやれば、下背部（腰まわり）を引き締めるだけでなく、
背中以外の体の後ろ側全体、ヒップアップにまで効果が期待できます。

1

床にうつ伏せになり、両手は肩幅より少し広い程度に広げて頭の上にまっすぐ伸ばします。脚は腰幅程度に広げた状態で、まっすぐに足先を伸ばした状態になります。これがスタートポジションです。

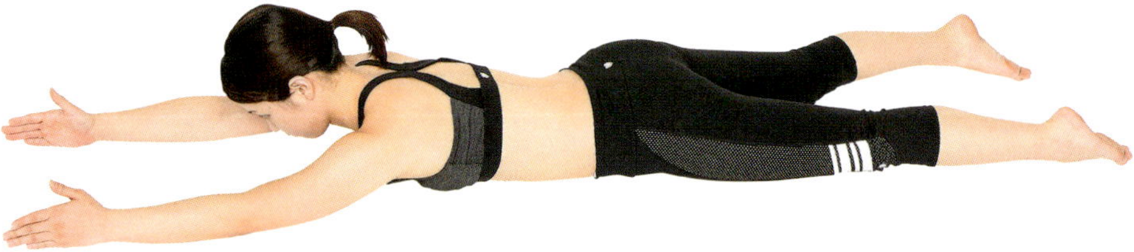

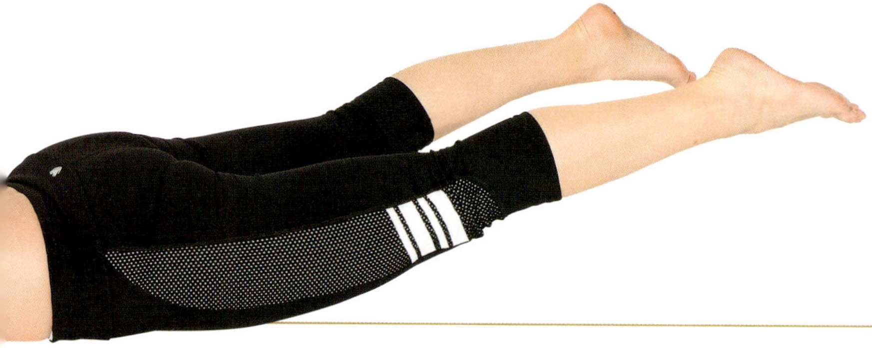

フェイズ 3	フェイズ 2	フェイズ 1
6〜12回	15〜20回	15回程度
2〜5セット	2〜5セット	2〜3セット
休憩30〜90秒	休憩30秒以内	休憩90〜120秒

3

体の反り過ぎには注意しましょう、動作中は呼吸を止めないで、自然に続けながら行います。腰が痛い場合は無理をせずにエクササイズを行ってください。

POINT

反り返るという感覚ではなく、手は頭側に、脚は足先側に伸ばすことを意識。お尻も引き締めるといいでしょう。

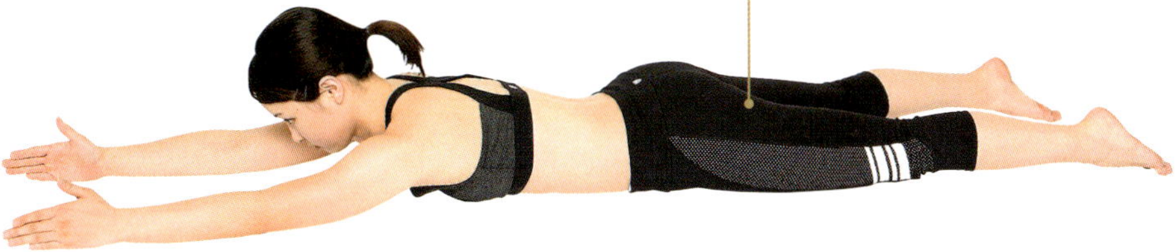

2

おへその下くらいが床に接するようなイメージで、ゆっくりと背中を反るようにして手足をあげていきます。反動をつけて体を反るのはキケンなので、やめましょう。

男性は広い背中、女性は背中のシェイプアップが可能!

ベントオーバーロウ

中
強度
☆★★

背中全体の筋肉や腕の裏側のシェイプアップ効果が期待できます。
本来はバーベルなどを用いますが、自宅にあるペットボトルなどでも代用可能です。

1

両脚を腰幅～肩幅くらいの広さに開いて直立します。背すじは伸ばして目線は前を見る感じです。両手に水を入れたペットボトルを持ち、手は自然に横に下げましょう。

2

股関節と膝を少し曲げて、上半身を床と平行に近い状態まで倒していきます。手はそのまま下に垂らしましょう。背中が曲がったり、反り過ぎたりしないように注意しましょう。

フェイズ 3	フェイズ 2	フェイズ 1
6〜12回	15〜20回	15回程度
2〜5セット	2〜5セット	2〜3セット
休憩30〜90秒	休憩30秒以内	休憩90〜120秒

POINT

肩をすくめないように注意。目線は斜め前の床を見ます。

3

両方のペットボトルを肘から引き上げるように、お腹あたりに向かって持ち上げていきます。この際に胸は張り、同時に肩甲骨を寄せて背筋が収縮していることを意識しましょう。

4

背すじが丸くなると背中に効きにくくなったり、腰に負担がかかったりします。背すじはまっすぐの状態をキープしてください。呼吸はあげるときに吐き、下ろすときに吸います。

下背部（腰まわり）や体幹の強化に繋がる理想的なエクササイズ

デッドリフト

高
強度
★★★

本来はバーベルを使って行うエクササイズですが、ここでは自宅で行うことを前提に買い物袋で代用しています。フォームをしっかり習得したら、バーベルで行ってもいいでしょう。

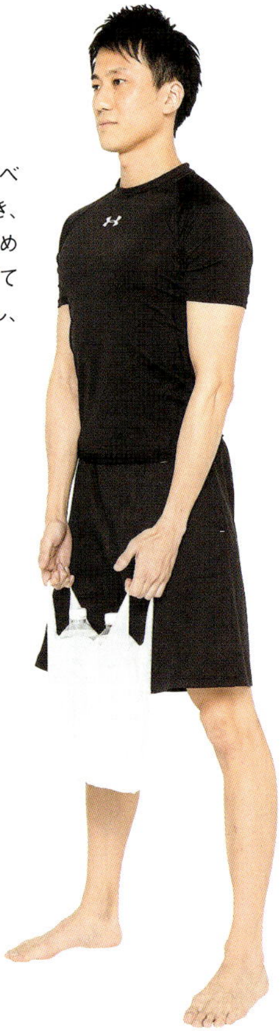

1

おもりにする買い物袋（バーベルでも可）は体の近くに置き、脚は肩幅か、それよりやや広めに、足裏をしっかり床につけて立ちます。背筋は自然に伸ばし、目線は前方に向けます。

2

膝と股関節（骨盤を前傾させるように）を軽く曲げ、お尻を後ろに引くような感じでおもりを下に下げます。この際、肩をすくめたり、背中が丸くならないように注意してください。下げる位置はなるべく体の近くにします。

フェイズ 3	フェイズ 2	フェイズ 1
6〜12回	15〜20回	15回程度
2〜5セット	2〜5セット	2〜3セット
休憩30〜90秒	休憩30秒以内	休憩90〜120秒

3

腰を前に突き出すようなイメージで背筋を使って持ち上げます。おもりは体のなるべく近くを通るようにしましょう。呼吸は上げるときに吐き、下げるときに吸います。

NG ×

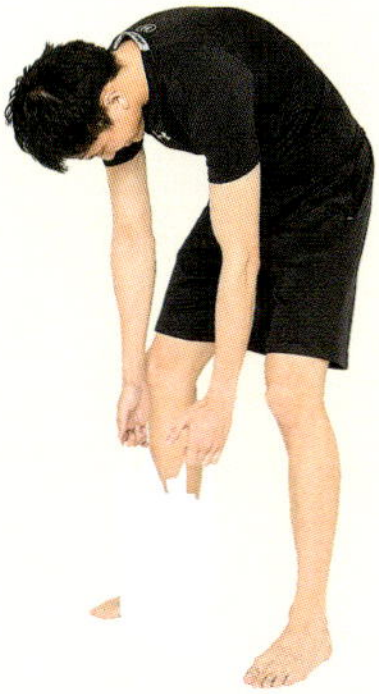

膝も腰も曲がらずに背中が丸まっていると怪我に繋がる！

逆三角形の引き締まった背中になるにはこれ!

シーテッドロウ 上級者向け

**肩から背中のラインを形成するのに役立つのがシーテッドロウです。
マシンを使った種目になりますので、ジムに行くことができる人はトライしてみてください。**

1

胸を張り、背すじをまっすぐにして、足裏はマシンのステップに置いた状態で膝が軽く曲がる位置に着座します。骨盤を立てて体幹をすこし後ろに傾ける感じでグリップを握ります。

2

脇をしめた、肩甲骨を寄せるイメージでグリップをお腹に引き寄せます。この際、肩をすくめたり背中が曲がったりしないようにしましょう。下を向かずに目線は前です。

GOOD

脇がしまっていて肩甲骨がしっかり寄せられていることがわかる。

NG

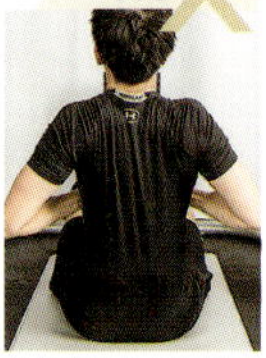

脇が開くと刺激が分散され、狙ったところに効かせられない。

フェイズ3	フェイズ2	フェイズ1
6〜12回	15〜20回	15回程度
2〜5セット	2〜5セット	2〜3セット
休憩30〜90秒	休憩30秒以内	休憩90〜120秒

3

戻すときも姿勢を保ったままです。呼吸は引くときに吐き、戻すときに吸います。また、一連の動作において、体幹はしっかり固定し、背中の力で引きましょう。

肩甲骨を
動かせるようになると
他の種目の
効果も上がります。

広く逆三角形の背中をきれいに出すにはこれ

ラットプルダウン 上級者向け

背中全体に効果があるエクササイズになります。懸垂は難しくても、負荷の調節が可能なラットマシンだと、初級者からでも十分にトレーニングすることができます。

骨盤を立てて背すじをまっすぐにした状態で座ります。この際、マシンのパッドに大腿部の付け根をあてて体が浮き上がるのを防ぎます。バーを肩幅よりもこぶし２つ分ほど広い手幅で握ります。親指はしっかり巻きつけましょう。

GOOD

背すじがまっすぐ伸びており、腕の開き方も適切な広さになっている。

|---|---|---|
| 2〜5セット | 2〜5セット | 2〜3セット |
| 休憩30〜90秒 | 休憩30秒以内 | 休憩90〜120秒 |

2

肩をすくめず、肩甲骨をしっかり寄せ、胸を張り、脇をしめるようにバーを鎖骨付近に引き付けます。呼吸は引くときに吐き、戻すときに吸います。動作中、目線は上を向きます。

GOOD

上体の位置がほとんど動かないのにバーが引き付けられている。

3

ゆっくりとバーを戻します。動作中に肩がすくんだり背中を丸めたりしないようにしましょう。また、肩甲骨を寄せて背筋で引くことを意識して、体幹を動かしてバーを引かないようにしましょう。

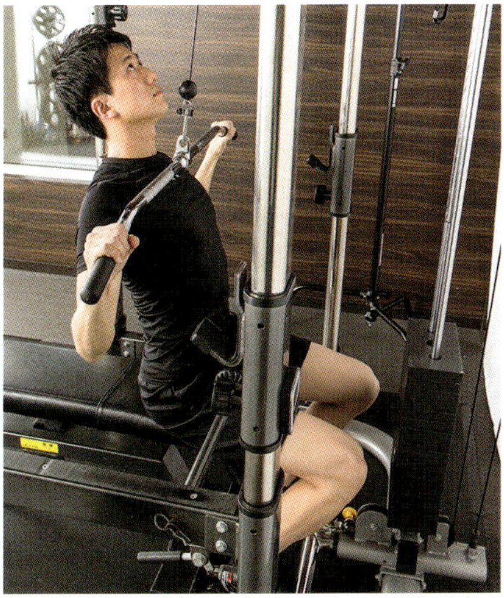

RIZAP TRAINING METHOD

脚のトレーニング

大きな筋肉群である脚は減量においても重要な役割を果たします。基礎代謝を上げてリバウンドを防ぐためにも、また活動的な日々を送るためにもしっかり脚を鍛えましょう！

筋力トレーニングの王道、アンチエイジング効果も

スクワット 低強度☆☆☆

「低強度」とありますが、スクワットはどんなレベルの人にもオススメの種目です。基礎代謝向上やアンチエイジング、ヒップアップなどにも効果があるのでぜひ取り入れましょう。

1

足幅は肩幅か、それよりやや広めに広げます。つま先は真正面かやや開く感じで立ちましょう。足の裏はしっかり全体で床を踏みしめて立つようにします。腕は胸の前で組むといいでしょう。

膝の位置、
骨盤の前傾、
まっすぐの背中が
鍵だ！

フェイズ 3	フェイズ 2	フェイズ 1
6〜12回	15〜20回	15回程度
2〜5セット	2〜5セット	2〜3セット
休憩30〜90秒	休憩30秒以内	休憩90〜120秒

2

背すじを伸ばしたまま、ゆっくりと骨盤を前傾させながら膝と股関節を曲げてしゃがみます。太腿の表側が床と平行になるまでしゃがむのが理想ですが、無理のない高さで構いません。

NG 骨盤が前傾せずに、しゃがむときに膝が前に出てしまうのは避けましょう。

NG 膝が内側に曲がると靭帯を傷める危険性があるので、絶対に避けましょう。

3

ゆっくりと 1 の体勢に戻ります。動作中の呼吸は、下げるときに吸い、上げるときに吐きます。動作を通じて背中が丸まらないようにするため、目線は下を向かないようにします。

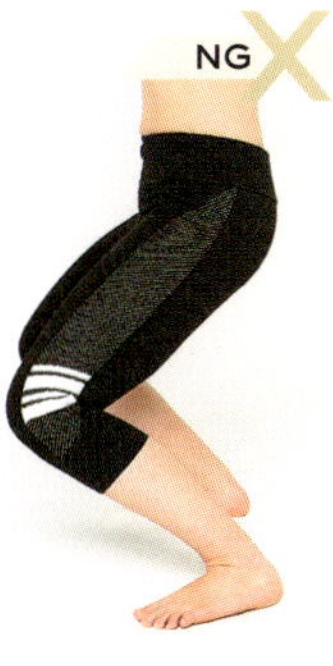

下半身の引き締まったラインを作る!

スプリットスクワット

中
強度
☆★★

片脚への負荷を強めて強度を上げた種目です。
スクワットと違う刺激を与えられるので併せて行えば相乗効果が期待できます。
また、体幹も鍛えられるので姿勢の向上に繋がります。

1

足幅は腰幅で立ちます。その状態から片方の足を前に出し、もう片方の足は後ろに引きます。前後の足幅は少し広くなります。後ろ足は踵が浮くようにして、前足に体重をのせます。

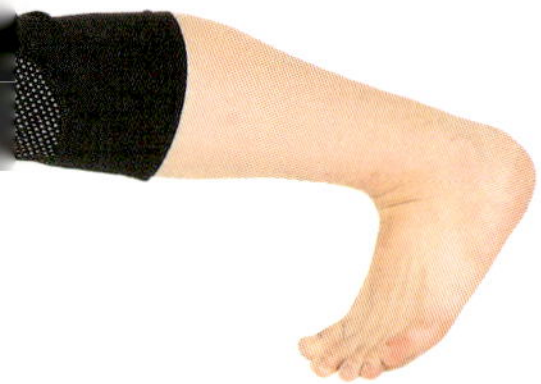

2

ゆっくりとしゃがみ、太腿の前が床と平行になるまで下げます。後ろの膝が床につく直前で元の姿勢に戻ります。背すじは動作を通じて伸ばしたままをキープしましょう。

フェイズ3	フェイズ2	フェイズ1
6〜12回	15〜20回	15回程度
2〜5セット	2〜5セット	2〜3セット
休憩30〜90秒	休憩30秒以内	休憩90〜120秒

上体だけ前傾し膝が前に出過ぎないようにしましょう。

スクワット同様、膝が内側に入らないように注意ましょう。

3

ゆっくりと元の姿勢に戻ります。上体を前傾させるのではなく、体ごと上下させましょう。また、上下動を通じて体がぐらつかないように、体幹を意識してまっすぐ保ちましょう。以上の動作を両方の脚ごとに同じ回数行います。

しっかり負荷をかけられ、大腿内側にも効果あり！

ラテラルスクワット

高
強度
★★★

スポーツや日常生活でも膝やヒップの安定において重要な役割を担う、
太腿の内側に特に効果的なエクササイズです。
しっかりやれば自重でもかなりの負荷をかけられますよ！

1

足幅はかなり広く、肩幅の２倍くらいに開きます。つま先は正面かやや開きます。背すじはしっかり伸ばし、胸の前で腕を組みます。これがスタートポジションです。

2

片方の側に、通常のスクワット同様、骨盤を前傾させながら膝と股関節を曲げ、大腿の表側が床と平行になる位置までしゃがみます。背すじを曲げないように。逆の脚は伸ばしたままです。

フェイズ3	フェイズ2	フェイズ1
6〜12回	15〜20回	15回程度
2〜5セット	2〜5セット	2〜3セット
休憩30〜90秒	休憩30秒以内	休憩90〜120秒

3

ゆっくりと元に戻っていきます。呼吸はしゃがむ際に吸い、立ち上がる際に吐きます。動作を通じて、足裏は全面をしっかり床につけるようにしましょう。

NG ✕

膝が内側に曲がったり、骨盤が前傾していないのはいけません。

4

逆側も同じようにしゃがみます。しゃがむ際に、膝がつま先より前に出ないように気をつけましょう。また、動作を通じて、背すじは伸ばしたまま骨盤を前傾させるように注意!!

BIG3といわれる代表的なウエイトトレーニング種目

バックスクワット 上級者向け

よりしっかりとした筋肉を付けたい場合は、バーベルを用いたスクワットに挑戦してみましょう。
バーベルを使ったスクワットは体幹の強化にも非常に効果的です。

1

肩幅よりやや広い手幅でバーを握り、肩甲骨を寄せたところにできる筋肉の盛り上がりのところにバーを乗せるようにします。胸を張り、背すじはまっすぐにして視線は前に向けます。

2

太腿の表側が床と平行になるまでしゃがみます。P50のスクワット同様、骨盤を前傾させながら膝と股関節を曲げます。背中を丸めないように注意しましょう。

骨盤の前傾なしにしゃがもうとして膝が前に出てしまうのはNG。

しゃがむとき、膝が内側に曲がってしまうと靭帯に負荷がかかり危険。

フェイズ3	フェイズ2	フェイズ1
6〜12回	15〜20回	15回程度
2〜5セット	2〜5セット	2〜3セット
休憩30〜90秒	休憩30秒以内	休憩90〜120秒

3

足の裏で均等に床を踏み、立ち上がります。呼吸はしゃがむときに吸い、立ち上がるときに吐きます

スクワットは
エクササイズの王様と
いわれてるよ！

スプリットスクワットにさらに負荷をかけたバージョン

ダンベルスプリットスクワット 上級者向け

自重で行ったスプリットスクワットを、ダンベルを手に持つことでさらに負荷を強くします。スポーツによる怪我の予防などにも非常に効果のあるエクササイズです。

手にダンベルを持ち、足幅は腰幅で立ちます。その状態から片方の脚を前に出し、もう片方の脚を後ろに引きます。後ろ足は踵が浮くようにして、前脚に体重を乗せます。

POINT

ダンベルは親指を巻きつけてしっかり握るようにしましょう！

フェイズ3	フェイズ2	フェイズ1
6〜12回	15〜20回	15回程度
2〜5セット	2〜5セット	2〜3セット
休憩30〜90秒	休憩30秒以内	休憩90〜120秒

膝が内側に入ったり、つま先より前に出てしまうのはNGです。

2

太腿の表側が床と平行になるくらいまでしゃがみます。背筋はしっかり伸ばしたままです。前の膝はつま先の真上に位置し、同じ方向を向くように。後ろ足の踵は浮かせます。後ろ脚の膝は浮かせたままです。

3

ゆっくりと元の位置に戻ります。呼吸はしゃがむときに吸い、立ち上がるときに吐きます。体を前後に動かすのではなく、しっかりと上下動するように心がけましょう。

お腹のトレーニング

ここでは、上部・側部・下部の3パートに分けて、腹筋を徹底的に鍛えるエクササイズを紹介します。一回のトレーニングで2パートの種目を選んで組み合わせるといいでしょう。

下腹のポッコリを引っ込めるのに効果あり!

下腹部 レッグレイズ

レッグレイズは下腹部を引き締めるのに最適なエクササイズです。
床が硬かったらフィットネスマットなどを使うとよいでしょう。また、腰が痛い場合は避けてください。

1

仰向けに横になります。両手は腰の横あたりに手のひらを下にした状態で置きます。脚は伸ばして、足先を揃えましょう。これがスタートのポジションです。

2

お腹の下のほうの筋肉を意識しながら、脚をゆっくり持ち上げていきます。股関節が床に対して90度になるまであげます。呼吸は脚をあげる際に吐き、下げるときに吸います。

3

スタートポジションに戻りますが、脚は床から少しあげた状態をキープすることで常に筋肉に刺激を与えられて、より効果的なエクササイズになります。

フェイズ 3	フェイズ 2	フェイズ 1
6〜12回	15〜20回	15回程度
2〜5セット	2〜5セット	2〜3セット
休憩30〜90秒	休憩30秒以内	休憩90〜120秒

骨盤の安定向上と内臓の位置調整にも効果あり

下腹部 ニートゥチェスト

これも下腹部をターゲットにしたエクササイズです。姿勢改善に重要だとされる腸腰筋にも効くので、ボディデザインを考える上では欠かせない種目です。

1

床に膝を伸ばした状態で座りましょう。手は体を支えるように体の後ろに置き、重心は後ろにかけます。膝を軽く曲げて床から浮かせた状態を取ります。

2

膝を胸に近づけるように引きつけていきます。背中を少し丸めるようなつもりで、意識はお腹の下の部分にフォーカスしてください。動作はゆっくり、反動をつけてはいけません。

3

ゆっくりと脚を伸ばし、スタートポジションまで戻ったら以上の動作を繰り返します。呼吸は、脚を引きつけるときに吐き、下ろすときに吸いましょう。

クビレを作るのに最適なエクササイズ!

脇腹 ロシアンツイスト

特に脇腹に効果的なエクササイズです。足先を押さえてもらったり、どこかに引っ掛けて行います。より負荷を強くするには足先を挙げてV字状態をキープして行っても構いません。

足先を押さえてもらうか、どこかに引っ掛けて、膝を立てて座ります。体は少し後ろに倒すようにしてバランスを保ち、手を胸の前で合わせましょう。

1

2

その手を片方の側に捻っていきます。なるべく大きく、体の後ろ側まで手を回すようなイメージで行うと、より強度を上げることができます。

目線は指先を追うようにします。呼吸は止めないように、自然に続けながら動作を行います。楽な人は手にペットボトルなどの重りを持ってもOKです。

3

4

以上の動作を左右交互に繰り返します。動作は一定のペースでゆっくり行います。決して反動をつけないようにしましょう。脇腹がしっかり捻れていることを意識しましょう。

フェイズ 3	フェイズ 2	フェイズ 1
6〜12回	15〜20回	15回程度
2〜5セット	2〜5セット	2〜3セット
休憩30〜90秒	休憩30秒以内	休憩90〜120秒

下腹と脇腹を刺激し、体幹にも効果あり

脇腹 サイクリング

腸腰筋にも効果があり、体幹の強化になるエクササイズです。スピーディにできてしまう種目ですが、ゆっくりとやるとかなりキツイ種目になり効果がアップします。

1

脚をまっすぐ伸ばし、軽く浮かせた状態で仰向けになり、手を頭の後ろで組みます。この状態で頭を少し浮かせます。肩甲骨は床につけた状態です。

2

左の脚を胸に引きつけるようにして曲げます。同時に、右肘を持ち上げ、左膝につけるようにして体を捻りながら持ち上げます。脇腹の収縮を意識しましょう。

3

逆側も同様に、体を対角線で捻る動作を繰り返します。呼吸は止めずに自然に続けましょう。伸ばすほうの脚は少し床から浮かせた状態をキープしましょう。

腹直筋をターゲットに効果絶大なエクササイズ

上・全腹部 Vシットアップ

上腹部だけでなく、腹直筋全体に効果があるエクササイズです。
憧れのシックスパックを手に入れましょう。ただ腰が痛い方は避けてください。

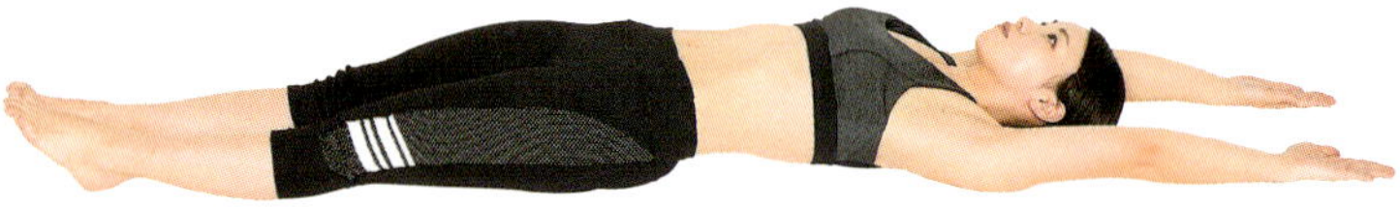

1

手脚をしっかりと伸ばし、一本の棒になったような感じで床に仰向けになります。これがスタートポジションになります。

2

つま先と手の指先を合わせるように、体をV字に畳んでいきます。この際、肘や膝が曲がらないように、まっすぐの姿勢を保ちましょう。目線はつま先のほうを見ます。

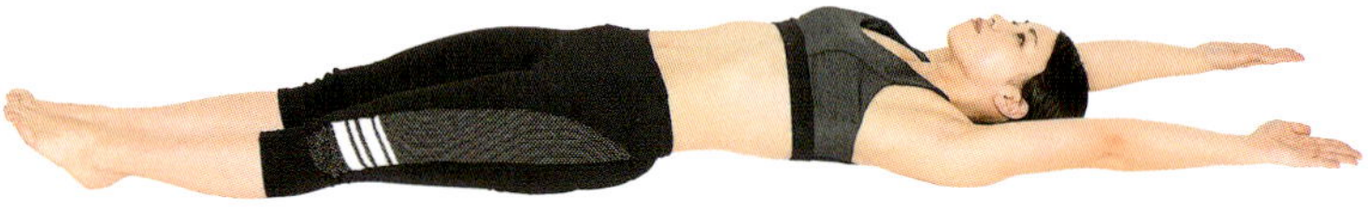

3

元のポジションに戻したら、踵は床につけないでおくと負荷が強くなります。呼吸はV字になる際に吐き、戻す際に吸います。なるべく反動をつけないように動作を繰り返します。

フェイズ 3	フェイズ 2	フェイズ 1
6〜12回	15〜20回	15回程度
2〜5セット	2〜5セット	2〜3セット
休憩30〜90秒	休憩30秒以内	休憩90〜120秒

腹筋を鍛えるときのベーシックエクササイズ

上腹部 クランチ

非常にシンプルな動作になりますが、しっかりと行えば腹直筋、特に上部に絶大な効果を誇るのがクランチです。手軽に行えますので、毎日の習慣にしてもいいかもしれませんね。

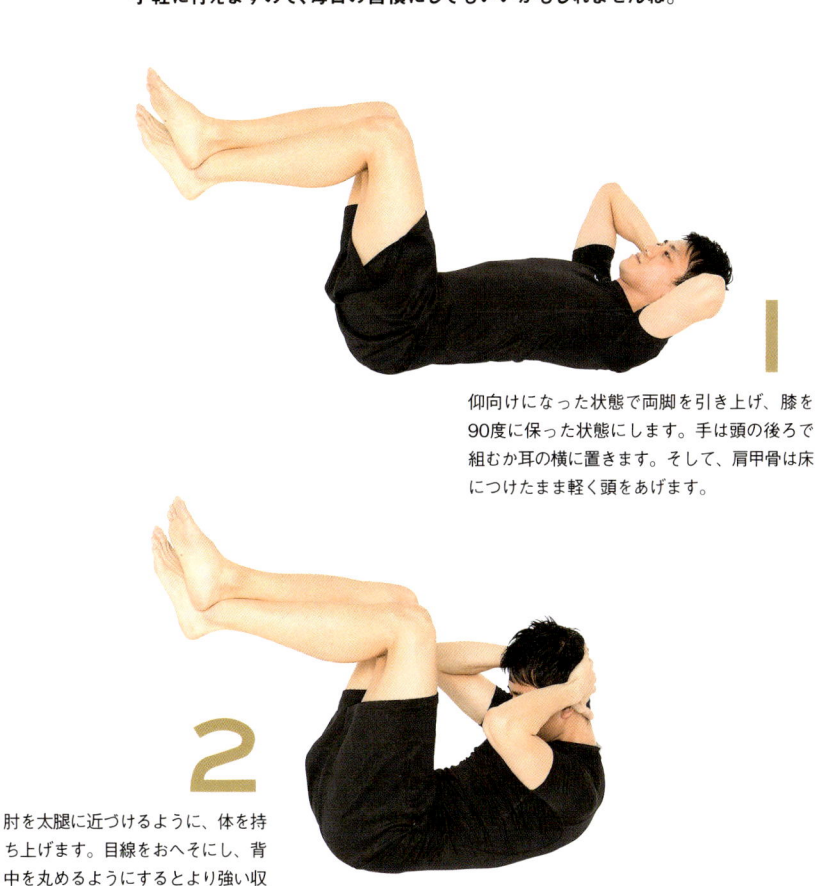

1

仰向けになった状態で両脚を引き上げ、膝を90度に保った状態にします。手は頭の後ろで組むか耳の横に置きます。そして、肩甲骨は床につけたまま軽く頭をあげます。

2

肘を太腿に近づけるように、体を持ち上げます。目線をおへそにし、背中を丸めるようにするとより強い収縮感が得られます。呼吸は上げる際に吐き、下ろす際に吸います。

肩のトレーニング

ライザップでは、減量が進むと、今度はしっかり筋肉を付けてボディデザインしていく段階になります。その際に男性に人気なのが肩まわりのトレーニング。理想の体を目指しましょう。

肩まわりの筋肉を付けたい男性に

サイドレイズ

スーツだって広い肩幅があるほうが断然似合うはずです。そんな広い肩幅のために最適なのがこの種目です。ノースリーブの服を着る機会が多い女性にもオススメです。

I

両足は肩幅くらいに開き、安定した状態で立ちましょう。肘を軽く曲げた状態で体の横に両腕を垂らします。手にはおもり代わりの買い物袋を持ちます。

POINT

同じサイズのペットボトルなどで重量を揃えましょう。もちろんダンベルでもOKです。

フェイズ3	フェイズ2	フェイズ1
6～12回	15～20回	15回程度
2～5セット	2～5セット	2～3セット
休憩30～90秒	休憩30秒以内	休憩90～120秒

3

ゆっくりと元の姿勢に戻ります。この動作の繰り返しです。動作を通じて、肘は軽く曲げた状態で固定して、肘からおもりを引き上げるようなイメージで行うと肩の筋肉を意識しやすいです。

NG

引きあげる際に肩がすくんだり肘がしっかりあがらないと効果が減ってしまいます。

2

羽根を広げるように、ゆっくりと腕をあげましょう。この際、手の甲が弧を描いて引っ張られるようなイメージでやるといいでしょう。呼吸はあげる際に吐き、下げる際に吸います。

肩や首まわりのシェイプアップに効果あり

アップライトロウ

男性にとっては逞しい肩を作るために、
女性にとっては肩や腕のシェイプアップに効果的なエクササイズです。
本来はバーベルなどで行いますが、買い物袋でも代用できます。

1
足幅は肩幅くらいに開き安定したポジションで直立します。おもりとなる買い物袋を体の近くに持ち、背すじはまっすぐに伸ばしましょう。目線は前を向きます。

肩こりにも
効くかな？
（効果あります）

フェイズ 3	フェイズ 2	フェイズ 1
6～12回	15～20回	15回程度
2～5セット	2～5セット	2～3セット
休憩30～90秒	休憩30秒以内	休憩90～120秒

3

ゆっくりと元のポジションに下ろします。この動作の繰り返しです。呼吸は持ち上げる際に吐き、下ろす際に吸います。動作はゆっくりと一定のスピードで行いましょう。

NG X

引き上げる際に肩がすくんでおり、肘も下がっている。

2

買い物袋を体の近くを通るようにしながら持ち上げていきます。その際、肩と肘が同じ高さか、肘が高くなるようにしましょう。買い物袋の高さは胸～みぞおちくらいです。

肩や二の腕を引き締める効果がある

ショルダープレス

肩の筋肉全体に効果があるのがショルダープレス。本来はダンベルなどで行いますが、これもペットボトルで代用できます。女性なら二の腕を引き締める効果も期待できますよ。

POINT

肘は肩より下に位置すること。手に持ったペットボトルは水平に。

両足を肩幅程度に開き、安定したポジションで立ちます。おもりとして手に持ったペットボトルを耳の横にあげます。背すじはまっすぐ、肘は肩より下に来るように。

フェイズ 3	フェイズ 2	フェイズ 1
6〜12回	15〜20回	15回程度
2〜5セット	2〜5セット	2〜3セット
休憩30〜90秒	休憩30秒以内	休憩90〜120秒

2

スタートポジションから三角形を描くように持ち上げていきます。視線は前を向いて、背筋も伸ばしたままで行います。ペットボトルは肩の真上に来るようにします。体がグラつかないように。

おもりの真下に肩が位置していないと怪我の原因になります。

3

ゆっくりと元のポジションに戻し、この動作を繰り返します。呼吸はあげるときに吐き、下ろすときに吸います。動作はゆっくりと一定のスピードで行いましょう。

腕のトレーニング

二の腕の力こぶといえば筋肉の象徴。また、女性も二の腕のたるみが悩みのタネになるなど、「腕」のトレーニングも理想のボディメイクには欠かせない種目になります。

男性ならば逞しい腕作りに取り入れたい

アームカール

力こぶに相当する上腕二頭筋に効果のあるエクササイズです。本来はダンベルなどで行いますが、ここでは自宅でも簡単にできるようにペットボトルで代用しています。

両脚を肩幅程度に開き、安定した姿勢で立ちましょう。手のひらを前に向けた状態で太腿の前に置きペットボトルを手に持ちます。背すじはまっすぐに保った状態をキープします。

フェイズ3	フェイズ2	フェイズ1
6〜12回	15〜20回	15回程度
2〜5セット	2〜5セット	2〜3セット
休憩30〜90秒	休憩30秒以内	休憩90〜120秒

2

肘を曲げて、ペットボトルを肩の前あたりまで持ち上げます。動作中、肘はしっかり体に固定して位置がズレないようにしましょう。呼吸はあげる際に吐き、下ろす際に吸います。

POINT

反動は使わないように一定のペースでゆっくり挙げる。

負荷を強くするならダンベルを使おう!

おもりを使う種目は写真のような重量を変えられるダンベルだと負荷も自由自在でより効果的です。

二の腕のシェイプアップ効果大!

キックバック

二の腕とたるみが出やすい上腕三頭筋を引き締めるエクササイズです。
男性も二の腕だけでなくこちらも鍛えるとよりグッドシェイプな腕を手に入れられます。

1

肩幅くらいに脚を開き、膝を軽く曲げ骨盤を前傾させ上半身を倒していきます。背すじはまっすぐ伸ばして、上腕が床と平行になる位置に肘をあげます。

肘が下がってしまうとエクササイズ効果が薄れてしまいます。

フェイズ 3	フェイズ 2	フェイズ 1
6〜12回	15〜20回	15回程度
2〜5セット	2〜5セット	2〜3セット
休憩30〜90秒	休憩30秒以内	休憩90〜120秒

2

肘は動かさないようにして、ペットボトルを後ろ側に持ち上げていきましょう。腕が肩と一直線になるまで伸ばしましょう。動作はゆっくりと一定のペースで行います。

3

ゆっくり元の位置に戻し、この動作を繰り返します。呼吸はあげるときに吐き、下げるときに吸います。動作中は背中を丸めないように気をつけましょう。

二の腕のシェイプアップに

トライセプスエクステンション

**トライセプス＝上腕三頭筋＝二の腕の裏側に効果があるエクササイズです。
これもダンベルで行う種目ですが、自宅ではペットボトルを使って負荷をかけるといいでしょう。**

脚は肩幅くらいに開き安定した姿勢で立ちます。そのまま片方の腕を上に伸ばし、肘が下がらないように反対側の手で肘を押さえ、肘を曲げてペットボトルを後方に下げます。

NG X

動作の途中から肘が下がってきてしまうと効果が薄れる。

フェイズ 3	フェイズ 2	フェイズ 1
6～12回	15～20回	15回程度
2～5セット	2～5セット	2～3セット
休憩30～90秒	休憩30秒以内	休憩90～120秒

2

肘の位置を固定したまま腕を伸ばしてペットボトルを頭上に持ちあげます。この際、上腕三頭筋に負荷がかかっていることを意識しましょう。背すじは伸ばしたままです。

3

ゆっくり元の位置に戻し、動作を繰り返します。呼吸はあげるときに吐き、下ろすときに吸います。動作を通じて、肘の位置はしっかり固定するように注意しましょう。

クールダウン

ウエイトトレーニングが終わったら、その日トレーニングした部位を重点的にストレッチして、ケアしてあげましょう。筋肉痛の軽減だけでなく、姿勢の矯正にもなります。

腕のストレッチ

プッシュアップやベンチプレスを行ったあとは、このストレッチで胸を伸ばしてあげましょう。
もちろん、トレーニング時以外に行っても構いません。

仕事中とかの
気分転換に
やってもいいね！

POINT

呼吸は自然なまま続けてください。無理のない範囲で伸ばしましょう。

脚は肩幅程度に開き背すじを伸ばして立ちます。手を後ろで組んで、後方へと引きます。胸を大きく開くイメージで伸ばしましょう。15～30秒キープしましょう。

背中のストレッチ

背中のトレーニング後だけではなく、肩こりや背中の張りにお悩みの方には
オススメのストレッチです。捻りを加えることで脇腹にも効果があります。

1

肩幅程度に脚を広げて立ち、手のひらを内側にして組みます。顎を引き背中を丸め、腕を前に突き出し15〜30秒静止します。肩甲骨の広がりを感じましょう。

2

次に、1の姿勢のまま右脇腹を縮めるイメージで右側に体を傾けていきましょう。左の脇腹が気持ちよく伸びるところまで傾けて15〜30秒静止します。呼吸は自然な状態で続けます。

3

逆側も同じように繰り返します。全体を通じて呼吸は自然な状態で続けます。決して息を止めてはいけません。また、痛みを感じるところまで伸ばす必要もありません。

前腿のストレッチ

腰や膝まわりの障害予防にも役立つストレッチです。
腰まわりで重要な腸腰筋や太腿前面の大腿四頭筋を伸ばすことで、足腰の柔軟性がアップします。

横向きになり、下の腕の肘で上体を支えて少しだけ上体を上げます。下の脚は床に伸ばし、上の腕で上の脚の足先を握り、お尻のほうに引き寄せて15～30秒。呼吸は自然に続けます。

後腿のストレッチ

大腿後方、すなわちハムストリングと呼ばれる筋肉を伸ばすストレッチです。
テレビを観ながらなど、日常の中でも行うと柔軟な下半身が得られます。

床に座り、一方の脚を伸ばします。もう一方の脚は折り畳みます。骨盤を前傾し上体を倒して15～30秒。伸ばした脚のつま先に触れるつもりで行うといいでしょう（実際に触れずとも可）。

お尻のストレッチ

日常生活でも意外と凝りやすいのがお尻。スクワットなどを行った日だけでなく、座ることが多い人は、普段からこのストレッチをするといいでしょう。

1

床に座り手を後方につき、上体を後傾させます。右脚を左脚に乗せたら、左脚を体に寄せるようにしてお尻を伸ばしましょう。15〜30秒です。

2

逆側も同様に伸ばします。呼吸は自然なまま続けます。股関節や膝に痛みがある場合は控えましょう。

お腹のストレッチ

ヨガにおける「コブラのポーズ」に似たストレッチです。腹筋運動を行ったあとはこれを行うと翌日の筋肉痛が軽減されますので、必ず行いましょう。

床の上にうつ伏せになって両脚を後ろに伸ばします。肘を肩の真下に置く感じで上体を起こし、胸を持ち上げ腹筋を伸ばします。15〜30秒。呼吸は自然に続けましょう。

COLUMN 2

ライザップを体験した医師たち

ライザップには実は多数の医師も「ゲスト」として通っているんだそうです。実際にライザップに通った医師は、どんな感想を抱いているんでしょう？

神奈川県のたまプラーザ南口胃腸内科クリニックの院長、平島徹朗先生もライザップで減量される一人。

「トレーナーさんに管理してもらうことで食事と運動の習慣を正しく身につけたいと思ってライザップを実践しました。ダイエットの9割は食事で成否が決まると思うので、体重減少目的での糖質制限は医学的に見ても正しいと思います。さらに、筋トレは代謝が上がり太りにくい体を作るだけでなく、見た目が格好よくなると自分に自信が持てて仕事や私生活にも好影響が出てくると思われます」

また、1年半で26kgも減量したという名古屋の金山ペインクリニック川瀬守智先生は自身の健康も大きく改善したんだとか！

「高血圧、脂肪肝、中性脂肪や睡眠時無呼吸症候群の値が改善しました。専属トレーナーによるモチベーションアップ・精神的なケア、やめてからも継続できる食事学習システムなどがいいと思います」

通って実践した医師だけでなく、ライザップ側も医療機関との提携を強化し、パーソナルトレーニングが可能な病院などもできています。

さらに興味深いのはライザップが医療ビッグデータにもとづく統計モデルを活用し、ゲストの健康数値から将来の医療費負担額を推計するサービスの導入準備をしているとのこと。ライザップで数値が改善すれば、将来の医療費も大幅に節約できてしまうかも!?

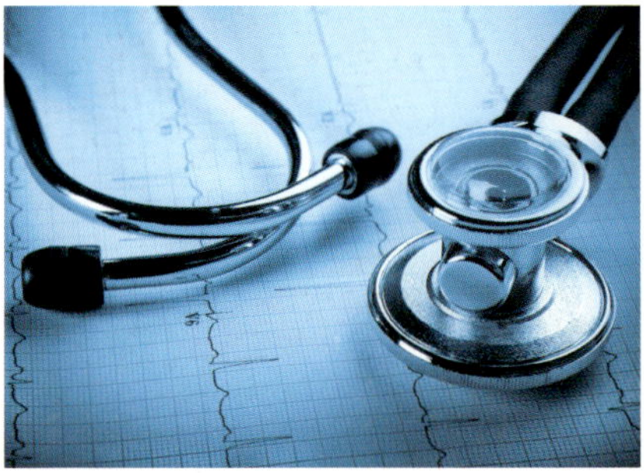

PART

3

「痩せる」メンタルマネジメント

諦めそうなときに寄り添ってくれるトレーナー。
ライザップのトレーナーがゲストを盛り上げる秘訣とは？
これで、諦めるのもリバウンドも関係なし！

MENTAL MANAGEMENT

1

減量を停滞させる3つの要因

「なかなか落ちない」原因を改善

「停滞期」を起こすのは実は3つの理由に集約される！

ライザップ・メソッドを実践すると、多くの人が途中で体重が順調に減らなくなってくる時期に突き当たります。ウエイトトレーニングの世界では「プラトー」といったり、一般の人も「停滞期」と呼んだりして、「ダイエットには付き物」だと思われています。

しかし、この「停滞期」、もちろん生理学的な要因もあるのですが、約9割の方のいう「停滞期」は、確実に原因があるのです。

ライザップでは、お客様とトレーナーが接する中で、日々の生活習慣やメンタルの状態をお伺いして、4・5万人以上のビッグデータをもとに停滞期の要因を探ります。

本書読者の方も、もし体重が落ちなくなったら、今まで記録してきたトレーニングの状態や体重の推移、睡眠時間や食事などを見なおすと同時に、あなた自身の今ある状態に耳を傾けてください。そこをクリアすれば、再び体重が落ちていくはずです。

体重停滞を打破する3つの改善策

1 睡眠時間を見直す

原因 睡眠時間が少ないと食欲を抑制する「レプチン」というホルモンが減る代わりに、食欲を増進する「グレリン」というホルモンが増加してしまうため、体重減少の妨げになってしまいます。また、リバウンドの原因にもなってきます。

▶

改善策 最低でも6時間半くらいは睡眠時間を確保したいところです。お仕事の関係で就寝時刻が不規則な場合は、一週間のうちのどこかのタイミングで朝8時までに太陽の光を浴びて朝食を摂ることで体内時計をリセットするのがよいでしょう。

2 生活の中のストレスを見直す

原因 これも「コルチゾール」と呼ばれるホルモンが関わってきます。ストレスに起因して分泌されるコルチゾールは、せっかく付けた筋肉を分解してしまうほか、食欲抑制に関連するセロトニンも減らしてしまうため、体重減少を妨げてしまいます。

▶

改善策 仕事や生活の中でストレスがある場合は、できるだけその要因を遠ざけましょう。また、寝る前に「痩せて楽しいことをしている自分」をイメージしましょう。さらに日光浴もコルチゾールを抑制するといわれているので積極的に外出しましょう。

3 食事を見直す

原因 低糖質食を言われたとおり実践していても減らない。そんなときは食物繊維が足りていないのかもしれません。食物繊維が不足し、便秘になると体重減少は停滞します。また、水分が足りなくても便秘になりやすいので要注意。

▶

改善策 いくら低糖質高タンパクでもお肉ばかりではいけません。食物繊維をしっかり摂りましょう。また、ヨーグルトや乳酸菌のサプリメントを摂取するのも◎。また、低糖質でも夜9時以降に食事するのはできるだけ控えたほうがいいでしょう。

MENTAL MANAGEMENT

2

失敗をしても取り戻せる！ メソッドを守れなかったら？

一度の失敗ですべてを諦めてしまう必要はない！

ライザップ・メソッドのように、週2回のトレーニングと低糖質&高たんぱく質を主とした食事法など「ルール」が決まっていると、行動がしやすいというメリットがあります。

しかし、生真面目な人に多いのですが、1回「ルール」を外れてしまうと、それですべてが終わってしまうかのように感じて、諦めてしまう人も少なくありません。また、毎日順調に体重が落ちてきたのに、ある日なぜか体重が増えてしまった……。そんなことに直面すると、今までの努力が無駄だったように感じてやる気をなくしてしまう人もいるでしょう。

でも、そこは人間です。トレーニングのやる気が起きない日や、低糖質ではないものを食べてしまう日もあるでしょう。また、体重が減るどころか増える日もあるでしょう。

でもそれですべて諦める必要はありません。一度の失敗も今まで学んだ「知識」を活かしてカバーすれば、結果にコミットできるんです。

こんな失敗はこうリカバーしよう!

▶トレーニングをサボってしまった!

トレーニングをしたくない日や風邪を引いてできない日もあるでしょう。その場合は、翌週に持ち越せば問題ありません。1日トレーニングしなかったことを深刻に考えるより、柔軟に考えて対応しましょう。もちろん、休息日がないほど1週間に詰めてしまうのはいけませんが。

▶食事のルールを守れなかった!

基本的にはもちろん食事のルールは守ってもらいたいのですが、もし食べ過ぎたり、糖質を摂ったりしてしまったら……。そこで「終わり」ではありません。通常のトレーニングメニューとは別に有酸素運動をするなどして、余分に摂取した分を消費してリセットしましょう。

▶ダイエットする気がなくなってきた。

やる気が起きない、生活の中で辛いことがあった……。そんなときはなかなかトレーニングや食事制限へのモチベーションも湧かないもの。であれば、ダイエットを決心したときに書いた「なりたい自分」や「痩せてやりたいこと」を見直して初心を取り戻してみましょう。

▶体が痛くなってしまった。

自宅でやる場合、慣れない筋トレで関節を傷めてしまうこともあるかもしれません。その場合、無理は禁物。お医者様に診てもらって、回復してからリスタートしましょう。可能なら、痛くない部位のトレーニングをしたり、食事制限だけは続けるなど様子をみながら行いましょう。

MENTAL
MANAGEMENT

3

モチベーションはこうして高めよう

「飽きない」ための秘訣

実はトレーニングは日々の達成感を得られる最高の方法

筋力トレーニングというと、「地味」「ツラそう」と思うかもしれませんが、実は結構楽しいんです。というのも、人生の中で、自分の成長を実感する瞬間というのは、大人になればなるほど減ってくると思います。そんな中、筋力トレーニングは「前回より多い回数できた」「前回より重いウエイトがあがった」と、初心者ならなおさら劇的な変化と成長を実感できます。その「成長」を実感できるようにすればモチベーションの維持も簡単です。

また、ライザップでは期待を上回る感動の提供やゲストのモチベーション向上のためゲストの誕生日にお祝いしたりなどのサプライズ、「WOW!!プロジェクト体験」を行なっています。自分で自分にサプライズはできませんが、日々の成長を感じられたらなにか「ご褒美」を用意して、自分にプチサプライズしてもいいでしょう。

トレーニングに向かう気持ちはこうして高めよう!

1 短期目標を立てよう!

大きな目標が「痩せる」だとしたら、「次のトレーニングまでにスクワット○回できるようになる」とか「いつまでに何kgになる」といった短期目標を設定しましょう。今までできなかったことができるようになるというのは大きなモチベーションになります。

2 「誓約書」と「なりたい自分」を見直そう!

最初に設定した目標を再確認して、決意したときの気持ちを常に思い返すことが大切です。また、ストレスの解決策としても提案しましたが、「なりたい自分になって楽しいことをしている自分」をイメージしましょう。そんな自分に近づく道がトレーニングです。

3 常に「自分」に向き合ってみよう!

日々の記録を見直して、「できていなかった点」を反省し、改善することも重要ですが、「ちゃんとできていた自分」をポジティブに評価してあげましょう。また、少しサイズダウンしたトレーニングウェアを新調して、「痩せつつある自分」を実感するのもいいですね。

4 気分を上げる動画を見よう!

ライザップでは、ゲストのドキュメンタリー動画を作ったりすることもあります。自分で作るのは難しいでしょうが、YouTubeなどで「motivation」と入れると、トレーニングの気持ちを盛り上げるような動画が多数アップされているので、それらを観てもいいでしょう。

4

運動に慣れてきたら……。
「ジム」を活用してみよう！

ジムに行けばよりいっそう効率よく減量が進む！

本書では、あくまでも「自宅でできる」を前提として、PART2でも自重を使ったトレーニングを中心に紹介しています。もちろん、『自宅でできるライザップ　食事編』と併読して実行すれば、これらのトレーニングでも本書の目的である「2か月でマイナス5kg」は、達成できるように構成されています。

しかし、より効率よくトレーニングしたい人や、「マイナス5kg以上」を目指したい人は、「ジム」を活用してみましょう。

ライザップは、店舗ごとゲスト一人につき一部屋のトレーニングルームを用いて、マンツーマンでトレーナーが付くシステムをとっていますが、行っている種目は、街のジムなどでも可能です。そのため、PART2でも「上級者向け」としてバーベルなどフリーウエイトを使ったトレーニングを紹介しました。ぜひトライしてみてください。

ジムに行く4つのメリット

1 細かく負荷設定ができる。

初心者のうちは自重でも負荷がきついこともありますが、ジムなら細かい負荷設定が可能なのでジムはむしろ初心者にも向いています。また、次第に筋肉が付いてくれば重量も増やせますし、細かく自分が進化しているのがわかるのも大きなメリットです。

2 ジム仲間ができる。

お互い高め合うことができるジム仲間がいれば、それもトレーニングへのモチベーションになりますし、直接知り合いにならずともいい刺激になるでしょう。ただ、仲間が辞めると自分も退会してしまう人も少なくないので、それだと意味がありませんが……。

3 トレーナーに相談できる。

ライザップではマンツーマンでトレーナーが付きますが、普通のジムにもトレーナーはいます。フォームの確認やウエイトの補助などを頼めるので、安全性はアップしますし、正しいフォームを身につけられるでしょう。

4 音を出しても平気。

動きが大きな種目などではマンションなどにお住まいの場合は気を使う必要が出てしまいます。その点、ジムであれば多少の物音は問題ありません。もちろん一般のジムではトレーニング中に大きな声は出せませんが……。

MENTAL
MANAGEMENT

5

ゲストのやる気の源

ライザップトレーナーの「名言」

ライザップでしか聞けない
トレーナーの一言を紹介！

ライザップのトレーナーが何よりも重要視するのは、ゲストとのコミュニケーション。そのため、さまざまなタイミングで繰り出される一言が、ゲストの心を揺さぶることも少なくない。実際にライザップに通った体験者が、不安を解消しやる気を取り戻したトレーナーの一言がこれ。モチベーションアップに繋がるかも!?

体重が落ちず焦っていたときに……

**“みんなが通る道なので
安心してください。
問題ありませよ！”**

焦りがなくなるとこで気持ちが楽になり、
モチベーションを保ったまま
トレーニングに臨むことができた。

**生活の中でトラブルが多くて
ストレスがあったとき……**

**“何かありましたか？
私でよければトレーニングや
食事以外のはなしでも聞くので
いつでも相談してください”**

顔を見ただけでわかるなんて凄いと思った。
このやり取りがあったからこそ、私のまま
頑張っていけると思えた出来事でした。

**一緒に始めた夫は順調なのに
私だけ落ちなくて焦ってたときに……**

“数字以上に見た目が変わっているので
心配しないでください。
数字はあとからついてきます”

数字（体重など）が落ちないことに
ストレスを感じはじめてしまっていたので、
その言葉を聞いて気が楽になった。

**サプリメントの摂取などに
疑問を感じたときに……**

“**できない言い訳を
したくないのです。**
期間中にできることは
すべてやりきりましょう！”

アツいな……と思ったけど、
やる気になりました。

**お腹の贅肉が取れないので
腹筋を増やしてほしい旨を
トレーナーに伝えたとき……**

“**腹筋は
奥が深いんですよ**”

さまざまな腹筋トレーニング方法を教えていただき、
トレーニングが楽しくなった。

**追い込んでるつもりなのに、
なかなか結果が出なかったときに……**

“**焦るのはよくないです。**
気楽にやっているほうが
結果が出ますよ。
楽しくやりましょう！”

この言葉で楽しく続けることができ、
結果にも結びついたと思う。

**体重の落ちが鈍くなり、自分の頑張りが
足りないのかと悩んでいたときに……**

“十分頑張っています！
体重が落ちなくなる時期はあります。
大事なのはバランスですよ！
見てください、
自分の体のすごい変化を
ちゃんと確認してください”

体重の数値に気を取られ、一つ一つの
筋肉が成長していることに気がつきま
せんでした。トレーナーの鋭い観察力
のおかげで、あらためて自分の頑張り
を受け入れることができました。

**1か月経ち、本当に結果が出るのか
不安になっていた頃に……**

“**大丈夫です。**
着実に成果は出てきていますので、
私を信じてついてきてください”

焦らず安心してついていこうと思えた。

MENTAL MANAGEMENT

6

目標達成！その後どうする？

リバウンドを防ぐために

よく誤解されるのは「ライザップはリバウンドする」ということです。しかし、ライザップのリバウンド率は7％と実際はほとんどリバウンドしません。

もちろん、終了後に暴飲暴食、運動もしないなんてことになったら体重が戻るのは当たり前です。しかし、ライザップ・メソッドを実践された人は、食事の摂り方や運動を習慣化でき、知識もそのまま財産として頭の中に残ります。また、重要なのはボディメイク後に「太りにくい状態」になっているかどうかです。マンツーマンでの食事指導とトレーニングで基礎代謝を維持・向上し、結果として「太りにくい体」となるのです。さらに、「毎日体重を計る」などが習慣づいていれば、自分で「ちょっと食べ過ぎて増えたから、週末は運動をたくさんしよう」とかコントロールできるようになります。ライザップ・メソッドは、一過性の減量方法ではなく、全体を通じて「それまで太ってしまった生活」を見直すことができるように管理栄養士や医師の指導のもとでデザインされているのです。

リバウンドしない体を作る4つの方針

1 1か月スパンくらいでいろいろ目標を立ててみる。

目標達成後もトレーニングを習慣づけられると最高です。ライザップにも月1回来館するアフターフォロープランがありますが、自分でそれを実践するのです。気になる部分を重点的にトレーニングしたり、○kgあげるようになるなどいろいろな目標を設定しましょう。

2 アクティブに生活しよう。

目標達成後のあなたは、今まで及び腰になっていたことだってできるようになっているはず。素敵な水着でプールに行くとか、新しいスポーツにチャレンジするとか。太っていたときにはできなかった、アクティブな趣味を持ってみるとリバウンドもしにくくなります。

3 オシャレを楽しもう!

太っていた頃は、オシャレすることなど考えもしなかったかもしれません。しかし、目標達成後のあなたは、自分が着られる服が増えて、容姿が変わっていることに気づくでしょう。理想の体になった今のあなたに合わせた服を思い切って揃えてみましょう。

4 食事の知識は活かし続けよう。

本書とセットの『自宅でできるライザップ　食事編』にある栄養知識やレシピは、減量期間でなくとも使える知識です。食べ過ぎたときのコントロールや、太りにくいお菓子の調理方法など、減量期間でなくとも活用していくといいでしょう。

COLUMN 3

企業も注目するライザップ式

企業にとって、社員の健康を維持することが課題となっている今、福利厚生・健康支援・ストレス対策などのメリットから、ライザップ・メソッドに注目する企業が増えています。

京都に本社を置く医療機器メーカーのアークレイ株式会社も、福利厚生の一環としての活動である親睦会で、ライザップ・メソッドを学ぶ健康セミナーの機会を設けた企業のひとつ。

「当社は、糖尿病検査を始めとする医療測定機器メーカーですので、やはり社員自身の健康管理と健康に関する知識や流行などの背景を知ることはメリットだと考えています。そのため、親睦会ではマラソン講座やマッサージ講習会、ヨガの講座なども行っています。その一環でボディメイクに関する企画としてライザップさんに打診したんです」（アークレイ広報担当者）

実は、ここ20年ほどの日本では健康に対する関心が年々高まっているにも関わらず、痩せた人より太った人のほうが多いという状態になっています。さらに、職場ストレスが高いと、メタボリック・シンドロームのリスクが最大2.39倍にもなるという研究結果があるほど。ストレス軽減や生活習慣病対策にはライザップのようなマンツーマンの食事・運動指導・メンタルサポートの整った環境が効果的。そのような背景から、社員へのヘルスケアを重視する多くの企業から問い合わせがあるのです。

アークレイでライザップのトレーナーを招いて行われたセミナーの様子（写真提供／アークレイ）

PART

4

これが「ライザップ」だ

ライザップトップトレーナーが目指すものとは？
そして、ダイエットを成功させたゲストは
成功体験を通じて何を得たのか？

トップトレーナー幕田氏に聞く

ライザップの求める理想のトレーナー像

本書における運動コーディネート及び指導、監修を行ってくれたのがライザップ統括トレーナーの幕田純。ライザップの「顔」として数々のメディアにも登場している。

そんな彼のトレーナーとしての出発点は、学生時代にトヨタ自動車のハンドボールチームのトレーナー、そして全日本チームのサポートを行った頃に遡る。

当時の幕田について、日本ハンドボールリーグ委員会が作成している『JHL NEWS 9号』(2008年11月4日)で、当時のチームメイトによりこう紹介されている。

「選手の話をすごく親身になって聞いてくれて、その選手が思いきってプレーできるよう、考えながらサポートしてくれています。中にはマック(※当時の幕田のあだ名)の家までおしかけ、ストレッチをしてもらう選手も少なくないらしい……」(『JHL NEWS 9号』より)

幕田の「トレーナーとしての理想像」は、この文章からも明らかだ。そして幕田は、現在ライザップにおいて、この理想像を追い求めている。

しかし、幕田がハンドボールチームのトレーナー経験以降、その理想を存分に追い求められる「ライザップ」というフィールドに辿り着くまでには紆余曲折があったという。

「ハンドボールチームのトレーナーを学生時代に経験し、その後大学を出てフィットネスクラブに就職したんですが、そこで自分の理想との違いに直面したんです。弱いところとか悩みとか辛いところとかと向き合わずに、単にトレーナーの考えを押し付けたり、楽しさで上から覆い被せていったりするようなやり方に、方向性の違いを感じたんです」

2年間そのフィットネスクラブの勤務を続けたが、やはり自身の理想を追い求めることを諦めきれず、ついに独立を果たした。

「それからはしばらくフリーでトレーナーをしていました。その頃に、ライザップと出会ったんです。そのとき、ライザップの掲げていたビジョンが、僕の持っていた『自分の体型に自信が持てなくて悩んでいる人を輝かせたいとか、肥満が原因で健康でない人を救いたいというビジョンと一致し、共感できたんです」

そこから、幕田はライザップの立ち上げに全力を投じることになる。当時まだ日本では馴染みの薄かった「パーソナルトレーニング専門のジム」を立ち上げるべく、基本となるプログラムのほとんどを作り上げてきた。

「ライザップのメソッドの中心はトレーニングとニュートリション（栄養）、そしてサプリメントの3本の柱があるのはみなさんご存知だと思います。しかし、僕がこれ以上に大切にしているのは、この3つの柱を取り囲む『3つのM』なんです」

3つのM――。それは、「マネジメント」「メンタルサポート」「マインド」のことだ。

「トレーニングと食事で痩せていく。こんなことは、誰もがわかっていること。でもわかっているけどうまくいかないのがダイエットです。じゃあトレーナーは何をすべきか？　その答えが、この『3つのM』なんです。科学的根拠にもとづく的確な目標設定をして、行動をマネジメントし、ゲストを目標達成まで導くこと。途中で諦めてしまうなどのゲストの弱い部分を支えてあげること。そして、失敗などを絶対ゲストのせいにせずに自分の責任としてやっていくっていう強いマインドです。僕らは、ここに関しての精度については他のどのジムよりも自信があります」

そして、この3つのMについては、幕田自身が一番それを実行している。

「自分が開発したプログラムは、必ず自分が研修を行い、各トレーナーに伝えます。自分ができてわかって、という状態を常に心がけています。自分ができないのに相手に伝えることはできないし、そうなるとゲストにも責任を持てない。だからこそ、常にすべてにおいて自分はできる状態、わかる状態にして何を聞かれても答えられるように努力しています」
今もなお、日々の仕事を終えて帰宅した後も体を動かし、トレーニングや運動生理学の本を読みふけるという幕田。その努力の先には、ゲストに寄り添い必ず結果にコミットするという幕田の理想のパーソナルトレーナー像が思い描かれているのである。

まくたじゅん●学生時代からトレーニングを学び、ハンドボールの実業団チームのトレーナーなどを在学中から行う。ライザップでは一貫して運動プログラムの作成及びスタッフの教育を行っている。

体」を手に入れました！

EPISODE 1

着実に達成感を得られるトレーニングの楽しさに目覚めて活動的に！

松本伊都子さん（58歳・ライザップ下関店）

「両脚とも変形性股関節症で、右脚は人工関節なので、体重を落とすように医師に言われていたんです。でも痛いせいで動くこともできず、どんどん太った。そこで、本気のダイエットをしようと思って入会を決めました。

入会する前は、筋トレはキツイもので、毎日やらないとダメだと思っていました。でも、キツイのはキツイんだけど、実は楽しいんだっていうことがわかりました。楽しい理由ですか？　やっぱり、体の変化と共に、自分がこれをやり遂げられたんだっていう達成感があることですね。もちろん、代謝アップのために必要不可欠だという理論的な理由もありますが、この達成感というのは続ける上でもとても大切なものでした。

食事に関してもトレーニングに関しても、マンツーマンで担当トレーナーの方が付いてくれるので、脚に不安を抱えていた私も、不安なく安全にトレーニングできました。その結果、信頼関係が生まれて、一人では乗り超えられない限界を超えられるのもよかったです。

しっかり筋肉を付けて痩せられたおかげで、ライザップ入会前は毎日車移動ばかりだったのが歩いていこうと思うようになるなど、毎日の活動量も上がりました。

それに、活動的になったおかげか、気持ち的にも前向きになりましたね」

一番効果を感じたトレーニングは

■クランチやサイクリングなど腹筋ですね。

ジムに行きたくないときどうした？

■行きたくないときはなかったです。

こう変わりました！

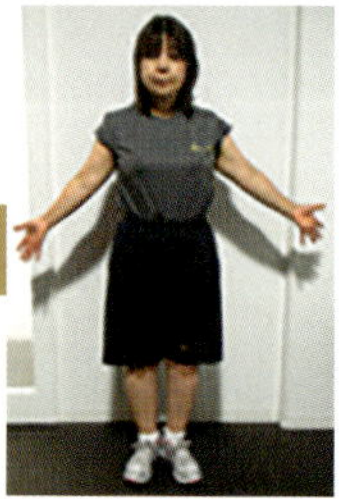

BEFORE

体重 72.9kg

体脂肪率 39.3%

AFTER

体重 50.4kg

体脂肪率 15.9%

約一年で

体重 −22.5kg

体脂肪率 −23.4%

ライザップ体験記

こうして「なりたい

EPISODE 2

体験者だからわかる、ライザップ式を身につける「コツ」、教えます！

伊藤喜明さん（65歳・ライザップ横浜西口店）

「若い頃からラグビーをやっていたんですが、60歳を過ぎると自然に体重が増えてしまったんです。もう一度グラウンドに出て、スピードのあるプレーをしたいと思い、ライザップのお世話になることにしました。

スポーツをやっていたせいか、食事やトレーニングについても特に大変だとは思いませんでしたね。それよりも、毎朝体重を測ると200gずつ減っていくのが楽しみになっていました。

ライザップ式を実践した〝先輩〟として言えば、ライザップ式を身につけるコツがあると思うんです。それは、毎日しっかり体重と体脂肪を測って記録を取ること。これは、リバウンドを防ぐためにも役立ちます。記録をつけていれば、たとえ1日仲間と飲み食いを楽しんでも、翌日運動量を増やせばちゃんと2日後には戻る。そういう感覚を把握できるようになりますから。

やっぱり、お腹が出て、体脂肪が増えていると苦しいんですよ。スポーツするにしても、階段を上がるにしても。それがライザップを通じて、本当にラクになった。体ももちろん、気持ちも若返った感じです。今はエスカレーターには乗らないで、必ず駅でも階段を使うようになったくらいです。ラグビーももちろん、楽しんでいます！」

一番効果を感じたトレーニングは

■上半身、特に胸から上は若い頃の筋肉を取り戻した気がします。

ジムに行きたくないときどうした？

■運動好きなので平気でした。毎日減る体重を見ていれば大丈夫ですよ！

こう変わりました！

2か月で
体重 -11.5kg
体脂肪率 -12.3%

AFTER
体重 72.1kg
体脂肪率 9.2%

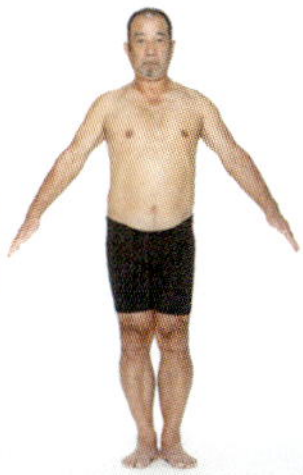

BEFORE
体重 83.6kg
体脂肪率 21.5%

EPISODE 3

筋トレなんて想像もしなかったけど体が変化する楽しさを知った！

五十嵐太之さん（49歳・ライザップ本厚木店）

「食事だけのダイエットや耳つぼダイエットなども試したことがあるけど、ライザップがそれらのダイエットと異なるのはパーソナルトレーナーと一緒に頑張っていけるところですね。

入会を決めたきっかけも、仕事が忙しかったり飲み歩いたりで不規則な生活の中、高血圧になりコレステロール値や肝機能値もどんどん悪くなっていたんです。それを変えようと思って入会したんですね。

そんな感じだから、ライザップに入る前は筋力トレーニングをすることなんて考えたこともなかった。

でもね、ライザップはマンツーマンでトレーナーが指導してくれて、体を作りながら体重を落としていく。自分の体が変わっていくんですよ！　これが楽しかった。脚のトレーニングはキツかったけど、それ以上に鏡を見て自分の体つきが変わっていくことがモチベーションアップになりました。筋力トレーニングはこんなに効果があるのかと思いました。それに、綺麗な姿勢でトレーニングすることの大切さも学べましたね。

もちろん、体の外見だけじゃありません。血圧は正常値になり、薬を飲む必要がなくなりました。コレステロール値や肝機能値も高めでしたが正常値になりましたよ！」

一番効果を感じたトレーニングは

■腹筋割れたんで、やっぱり各種腹筋ですね。

ジムに行きたくないときどうした？

■筋トレや運動が楽しくなって、行きたくないときはなかったかな。

こう変わりました！

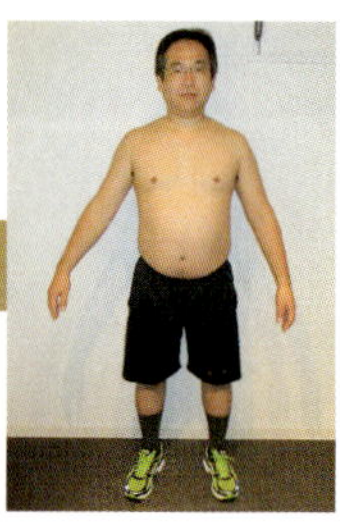

BEFORE

体重 86.7kg

体脂肪率 31.5%

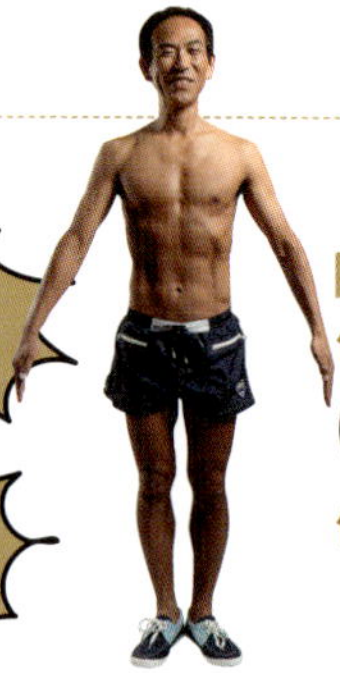

AFTER

体重 61.1kg

体脂肪率 10.6%

約6か月で

体重 −25.6kg

体脂肪率 −20.9%

EPISODE 4

筋トレは大変だったけど、若さと美しさのためには大切だと実感！

中村美香さん（50歳・ライザップ川崎店）

「子供が小さい頃に離婚して、それ以来女手一つで2人の子供を育ててきました。
　でも、あるとき、それまで一緒に暮らしてきた娘を亡くしてしまったんです。娘が最後に私に言ってくれた言葉が『いつまでも綺麗なお母さんでいて』という一言でした。
　それで、太ってしまった自分を変えようとライザップに入会したんです。
　入会してからは、周囲も驚くくらいのスピードで体重が落ちました。お肉も魚も食べることができて、『こんなに食べていいの？』と思えたくらい。全然辛くなかった。でも慣れない筋トレは辛かった。何度か『辞める！』って思ったこともあります。でも、トレーニングをしていると周囲の反応が全然違うんです。ノースリーブの服を着たら、二の腕が引き締まっているのを見て、みんな驚いてくれる。それが嬉しい。やっぱり、周りを見ても、トレーニングをしている方はみな若くて綺麗なんです。
　だから、トレーニングに行きたくないとき、娘の言葉を思い出して頑張れました。それに何よりも、親族以外は誰にも話せなかった娘の死について、初めて他人に話せたのが担当トレーナーだったんです。そこまで信頼感を持てたトレーナーが支えてくれたのも大きかったです。今は天国の娘に胸を張って言えます。『お母さん、綺麗なままでいるよ』って」

一番効果を感じたトレーニングは
■二の腕を引き締めるエクササイズの効果に驚きました。

ジムに行きたくないときどうした？
■娘の言葉を思い出した。

こう変わりました！

BEFORE

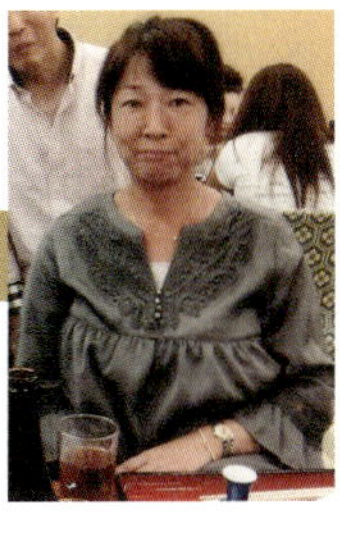

体重
53.3kg
体脂肪率
29.9%

AFTER

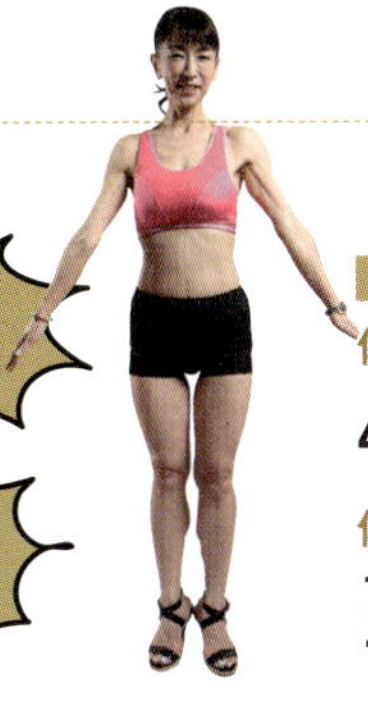

体重
45.8kg
体脂肪率
19.4%

約7か月で
体重
-7.5kg
体脂肪率
-10.5%

なんでもQ&A

はじめて筋力トレーニングをする人もいるかもしれません。さまざまな不安や疑問にお答えしましょう。

Q1 風邪を引いた時はどうすればいい？

A 風邪や病気などでトレーニングができないときは無理をしないで、回復してからトレーニング頻度を無理のない範囲で増やすなど調整すれば大丈夫です。

Q2 有酸素運動はしなくていいの？

A 低糖質の食生活は脂肪も落としますが筋肉も落としてしまいます。そのため、ライザップでは高タンパク食に加えて筋力トレーニングを優先的に行うことで、筋肉が落ちるのを防いでいるのです。もちろん、決まった筋力トレーニングをこなした上で、さらに有酸素運動もして減量を早めたいという人は無理のない範囲で取り入れてもらっても構いません。

Q3 サプリメントって摂ったほうがいい？

A 食事編を参考に通常の食生活で不足している栄養をサプリメントから摂取して補うことをオススメします。特にタンパク質は不足しがちなので、その際はプロテインで補いましょう。タンパク質の量は体重×1.5〜2g程度を目安に摂取するようにしましょう。ライザップのサプリメントはさまざまな目的に合わせて特別に作られたものですのでオススメです。

Q4 筋力トレーニングでムキムキになり過ぎない？

A ボディビルダーのようなマッチョな体になるには、たゆまぬトレーニングと徹底した栄養管理が必要で、普通の方が筋力トレーニングをした程度ではムキムキになりすぎることはありません。安心して筋力トレーニングに打ち込んでください。

Q5 ジムでやるウエイトトレーニングに必要なものって何？

A 器具自体はジムに設置されているので、敢えて何かを揃える必要はありません。ただ、バーベルが重くなってくると腰などの故障を防ぐためにも、ウエイトトレーニング用のベルトなどを購入されるとよいかもしれません。

Q8
ダイエット期間が終わったらトレーニングやめていい？

A リバウンドを防ぐためにも、本書で紹介されている自重トレーニングなどは定期的に行ったほうがいいでしょう。「ずっと続けないと」というのではなく、理想の体を手に入れた暁には、きっとアクティブに体を動かすことが楽しくなっているはずなので、ポジティブに運動に向かえるようになっているはずです。

Q9
筋肉痛がひどいんだけど……。

A 慣れないうちは筋肉痛はツライですね。あまりに酷い痛みがある場合は他の障害の可能性もあるため運動を控えるほうが良い場合もありますが、通常の筋肉痛であれば2〜3日で回復します。トレーニングの後に軽めの有酸素運動をしたりするとよいでしょう。また、トレーニングの前後はしっかりストレッチを行うと筋肉痛が軽減されます。

Q6
トレーニングのとき、靴はどうすればいい？

A 本書は自宅でやることを前提にした自重トレーニングが多いので、裸足で構いません。一方、ジムでウエイトトレーニングを行う場合は靴が必要です。機能性が高くクッションの効いた靴の場合、バランスが崩れたり負荷が軽減してしまうこともあるので、底が薄くフラットな靴がオススメです。

ライザップトレーニングメソッド

Q7
血圧が高いんだけど……。

A ライザップでは血圧が140／90以上ある方は、ライザップの提携医師に相談していただくことをお勧めしています。その上で、まずはごく軽い負荷のトレーニングから始めて、まずは血圧が正常な範囲まで戻すことを優先してトレーニング指導をします。ご自宅でなさる場合は、P17のフェイズ1レベルで行い、息をこらえてトレーニングを行うようなことは絶対に避けるようにしましょう。

トレーニング日誌

日々の変化を知ることが成功への近道です！　8週間で自分がどう変わるのか、変化を記録しましょう。

金	土	日	1週間のまとめ
体重 kg [エクササイズした部位] 胸・背中・脚・腹・肩・腕 ▼食事について ▼気づいたこと	体重 kg [エクササイズした部位] 胸・背中・脚・腹・肩・腕 ▼食事について ▼気づいたこと	体重 kg [エクササイズした部位] 胸・背中・脚・腹・肩・腕 ▼食事について ▼気づいたこと	エクササイズした部位に丸をつけよう！
体重 kg [エクササイズした部位] 胸・背中・脚・腹・肩・腕 ▼食事について ▼気づいたこと	体重 kg [エクササイズした部位] 胸・背中・脚・腹・肩・腕 ▼食事について ▼気づいたこと	体重 kg [エクササイズした部位] 胸・背中・脚・腹・肩・腕 ▼食事について ▼気づいたこと	
体重 kg [エクササイズした部位] 胸・背中・脚・腹・肩・腕 ▼食事について ▼気づいたこと	体重 kg [エクササイズした部位] 胸・背中・脚・腹・肩・腕 ▼食事について ▼気づいたこと	体重 kg [エクササイズした部位] 胸・背中・脚・腹・肩・腕 ▼食事について ▼気づいたこと	
体重 kg [エクササイズした部位] 胸・背中・脚・腹・肩・腕 ▼食事について ▼気づいたこと	体重 kg [エクササイズした部位] 胸・背中・脚・腹・肩・腕 ▼食事について ▼気づいたこと	体重 kg [エクササイズした部位] 胸・背中・脚・腹・肩・腕 ▼食事について ▼気づいたこと	

トレーニングを
記録しよう!

2か月分

	月	火	水	木
1 WEEK	体重 kg [エクササイズした部位] 胸・背中・脚・腹・肩・腕 ▼食事について ▼気づいたこと	体重 kg [エクササイズした部位] 胸・背中・脚・腹・肩・腕 ▼食事について ▼気づいたこと	体重 kg [エクササイズした部位] 胸・背中・脚・腹・肩・腕 ▼食事について ▼気づいたこと	体重 kg [エクササイズした部位] 胸・背中・脚・腹・肩・腕 ▼食事について ▼気づいたこと
2 WEEK	体重 kg [エクササイズした部位] 胸・背中・脚・腹・肩・腕 ▼食事について ▼気づいたこと	体重 kg [エクササイズした部位] 胸・背中・脚・腹・肩・腕 ▼食事について ▼気づいたこと	体重 kg [エクササイズした部位] 胸・背中・脚・腹・肩・腕 ▼食事について ▼気づいたこと	体重 kg [エクササイズした部位] 胸・背中・脚・腹・肩・腕 ▼食事について ▼気づいたこと
3 WEEK	体重 kg [エクササイズした部位] 胸・背中・脚・腹・肩・腕 ▼食事について ▼気づいたこと	体重 kg [エクササイズした部位] 胸・背中・脚・腹・肩・腕 ▼食事について ▼気づいたこと	体重 kg [エクササイズした部位] 胸・背中・脚・腹・肩・腕 ▼食事について ▼気づいたこと	体重 kg [エクササイズした部位] 胸・背中・脚・腹・肩・腕 ▼食事について ▼気づいたこと
4 WEEK	体重 kg [エクササイズした部位] 胸・背中・脚・腹・肩・腕 ▼食事について ▼気づいたこと	体重 kg [エクササイズした部位] 胸・背中・脚・腹・肩・腕 ▼食事について ▼気づいたこと	体重 kg [エクササイズした部位] 胸・背中・脚・腹・肩・腕 ▼食事について ▼気づいたこと	体重 kg [エクササイズした部位] 胸・背中・脚・腹・肩・腕 ▼食事について ▼気づいたこと

金	土	日	1週間のまとめ
体重 kg [エクササイズした部位] 胸・背中・脚・腹・肩・腕 ▼食事について ▼気づいたこと	体重 kg [エクササイズした部位] 胸・背中・脚・腹・肩・腕 ▼食事について ▼気づいたこと	体重 kg [エクササイズした部位] 胸・背中・脚・腹・肩・腕 ▼食事について ▼気づいたこと	
体重 kg [エクササイズした部位] 胸・背中・脚・腹・肩・腕 ▼食事について ▼気づいたこと	体重 kg [エクササイズした部位] 胸・背中・脚・腹・肩・腕 ▼食事について ▼気づいたこと	体重 kg [エクササイズした部位] 胸・背中・脚・腹・肩・腕 ▼食事について ▼気づいたこと	
体重 kg [エクササイズした部位] 胸・背中・脚・腹・肩・腕 ▼食事について ▼気づいたこと	体重 kg [エクササイズした部位] 胸・背中・脚・腹・肩・腕 ▼食事について ▼気づいたこと	体重 kg [エクササイズした部位] 胸・背中・脚・腹・肩・腕 ▼食事について ▼気づいたこと	
体重 kg [エクササイズした部位] 胸・背中・脚・腹・肩・腕 ▼食事について ▼気づいたこと	体重 kg [エクササイズした部位] 胸・背中・脚・腹・肩・腕 ▼食事について ▼気づいたこと	体重 kg [エクササイズした部位] 胸・背中・脚・腹・肩・腕 ▼食事について ▼気づいたこと	

	月	火	水	木
5 WEEK	体重 kg [エクササイズした部位] 胸・背中・脚・腹・肩・腕 ▼食事について ▼気づいたこと	体重 kg [エクササイズした部位] 胸・背中・脚・腹・肩・腕 ▼食事について ▼気づいたこと	体重 kg [エクササイズした部位] 胸・背中・脚・腹・肩・腕 ▼食事について ▼気づいたこと	体重 kg [エクササイズした部位] 胸・背中・脚・腹・肩・腕 ▼食事について ▼気づいたこと
6 WEEK	体重 kg [エクササイズした部位] 胸・背中・脚・腹・肩・腕 ▼食事について ▼気づいたこと	体重 kg [エクササイズした部位] 胸・背中・脚・腹・肩・腕 ▼食事について ▼気づいたこと	体重 kg [エクササイズした部位] 胸・背中・脚・腹・肩・腕 ▼食事について ▼気づいたこと	体重 kg [エクササイズした部位] 胸・背中・脚・腹・肩・腕 ▼食事について ▼気づいたこと
7 WEEK	体重 kg [エクササイズした部位] 胸・背中・脚・腹・肩・腕 ▼食事について ▼気づいたこと	体重 kg [エクササイズした部位] 胸・背中・脚・腹・肩・腕 ▼食事について ▼気づいたこと	体重 kg [エクササイズした部位] 胸・背中・脚・腹・肩・腕 ▼食事について ▼気づいたこと	体重 kg [エクササイズした部位] 胸・背中・脚・腹・肩・腕 ▼食事について ▼気づいたこと
8 WEEK	体重 kg [エクササイズした部位] 胸・背中・脚・腹・肩・腕 ▼食事について ▼気づいたこと	体重 kg [エクササイズした部位] 胸・背中・脚・腹・肩・腕 ▼食事について ▼気づいたこと	体重 kg [エクササイズした部位] 胸・背中・脚・腹・肩・腕 ▼食事について ▼気づいたこと	体重 kg [エクササイズした部位] 胸・背中・脚・腹・肩・腕 ▼食事について ▼気づいたこと

自宅でできるライザップ 運動編

発行日	2016年7月1日　初版第1刷発行
	2016年7月10日　　第2刷発行
発行者	久保田榮一
発行所	株式会社 扶桑社
	〒105-8070
	東京都港区芝浦1-1-1　浜松町ビルディング
	電話　03-6368-8875（編集）
	03-6368-8891（郵便室）
	www.fusosha.co.jp
印刷・製本	大日本印刷株式会社

STAFF

デザイン	原てるみ　星野愛弓（mill design studio）
映像制作	ジャパンライム
イラスト	岡田丈
運動指導	幕田純（RIZAP株式会社）
運動実演	金子静香　川本裕和（RIZAP株式会社）
撮影	山川修一・山田耕司（株式会社扶桑社）
企画・編集・構成	高谷洋平
監修	RIZAP株式会社

■価格はカバーに表示してあります。
■造本には十分注意しておりますが、落丁・乱丁（本のページの抜け落ちや順序の間違い）の場合は、小社郵便室宛にお送りください。送料は小社負担でお取り替えいたします（古書店で購入したものについては、お取り替えできません）。
■なお、本書及び付属DVDのコピー、スキャン、デジタル化等の無断複製は著作権法上の例外を除き禁じられています。本書を代行業者等の第三者に依頼してスキャンやデジタル化することは、たとえ個人や家庭内での利用でも著作権法違反です。

©FUSOSHA Publishing Inc. 2016　Printed in Japan　ISBN978-4-594-07490-6